행복 속에서 잠들고
소망 가운데 눈뜨 길

박옥수 목사 아카이브

차 례

Part I 박옥수 목사는

Chapter 1
박옥수 목사에 대하여　　　　　　　　012

Chapter 2
박옥수 목사를 말하다
국내외 인사人士들의 이야기　　　　　　030
한국에서 그를 만난 국가 정상들　　　　048
그를 만나 새 삶으로　　　　　　　　　058

Part II 박옥수 목사의 활동

Chapter 3
마인드교육 현장들
사람들의 무너진 삶을 일으키다　　　　072
마약 자수자 교육_필리핀　　　　　　　073
인디언을 위한 캠프_북미 지역　　　　　075
교도소 마인드교육_케냐 외　　　　　　079

깊은 마음의 상처를 치유하다   **082**
제노사이드 피해자를 위한 마인드교육_르완다   083
반군 피해자와 관계자를 위한 마인드교육_콜롬비아   085
킬링필드의 땅에 시작된 마인드교육_캄보디아   087
피스 캠프_케냐   088
우크라이나 난민을 위한 활동_독일   090
전쟁터에서의 위문 공연_우크라이나   093

미래를 밝게 만들어 가다   **094**
링컨중·고등학교_한국   095
IYF Youth School_키리바시   099
음악 학교_도미니카 외   100
건축 학교_말라위 외   102
청소년 센터_잠비아 외   104
마인드교육원_에티오피아   106

종교와 종파를 넘어   **108**
CLF(Christian Leaders Fellowship)   109
미국 채플린 연합의 영웅 추대   112
이스라엘 예루살렘에서   113
상파울루 메트로폴리타나 대성당에서   114
팬데믹 기간 온라인 활동   116

Part III 박옥수 목사 활동 플랫폼

Chapter 4
월드캠프 & 굿뉴스코

월드캠프   122
한국 월드캠프   124
세계의 월드캠프 현장   128

굿뉴스코   152
굿뉴스코 해외봉사   154
해외봉사 후 활동들   166
굿뉴스코 해외봉사 감동 스토리   172

Chapter 5
국제 포럼

세계 장관 포럼   186
교육 포럼   188
국가 공무원 포럼   190
리더스 컨퍼런스   192

Chapter 6
의료 봉사 & 문화 활동

의료 봉사 활동   196
문화 예술 활동   206

Part VI 행복을 찾은 사람들

Chapter 7
사람들의 행복 이야기

아빠, 나는 나쁜 딸이에요_클라라(멕시코)	220
엄마, 나를 낳아 주어서 고마워_최현정(한국)	224
마음을 열 때는 열어야 하는 거야_제니퍼(미국)	229
빛이 들어오면 어두움은 사라져_이은영(한국)	231
가장 행복한 학교_문은영(한국) & 베타 따따와(키리바시)	234
저주받은 인생인 줄 알았는데_찬롱(캄보디아)	238
마약에서 벗어나_자이렛(미얀마)	239
구청장이 된 청년_데이비드 샘파(잠비아)	240
전갈의 독을 이기고 살아난 청년_최요한(미국)	242
20년 동안 빠져 살았던 술에서 벗어나_심홍섭(한국)	246

부 록	**252**
약력 & 수상 내역	253
저서	255
국가 정상 면담	256
주요 활동 연혁	258

Part I

박옥수 목사는

박옥수 목사는 사람들의 마음에 변화를 일으켜.
밝고 따뜻하게 삶을 바꾸어주는 일을 가장 큰 보람으로 여긴다.
골칫덩이 문제아에서 한 나라의 대통령에 이르기까지
박옥수 목사는 자신을 필요로 하는 사람이 있으면
누구든 마다하지 않고 만난다. 또한 어려운 일을 겪고 있는 사람이 있으면
그곳이 섬이든 산악지대든 가리지 않고 찾아간다.

Chapter 01

박옥수 목사에 대하여

Chapter 01

 남북 간의 군사적 갈등이 70여 년째 계속 이어지고 있는 정전(停戰, ceasefire) 상태의 대한민국이 박옥수 목사가 태어난 조국이다. 그에게 평화는, '전쟁의 부재' 상태만을 뜻하지 않는다. 그가 염원하는 참된 평화는, 사람 사이의 화합을 가로막는 내면적 갈등과 외부적 장애물을 해소하고, 공존과 상생을 가능케 하는 '감사(gratitude)'의 DNA가 모든 사람들의 마음에 이식된 상태를 의미한다.

 실제로 지난 몇 년간 세계 통계를 보면, 개인 간의 갈등과 폭력으로 사망하는 사람(매년 약 40~50만 명)이 국가 간의 갈등과 전쟁으로 사망하는 사람보다 3~4배 이상 많았다. 또한 자연재해와 기후 위기, 빈곤과 기아, 질병, 그리고 사회의 구조적 억압과 불공평한 차별 등으로 매년 수백만 명이 사망하고 수억 명이 고통을 받고 있다.

이러한 현실에서, 평화는 '전쟁의 종식'을 넘어선 '지속가능한 인류애의 실현'이어야 한다. 박옥수 목사는 누구든지 양질의 삶을 영위할 수 있도록 사람들 마음에 평화의 씨앗 뿌리는 일을 오래 전부터 해오고 있다. 전 세계 청소년들을 향해 박옥수 목사가 하고 있는 활동을 설명하기에 앞서, 그가 살아온 삶의 궤적을 간추려 소개한다.

평화 없는 전후 시대에 태어난 소년

인류 역사에서 사망자가 가장 많은 전쟁이 2차 세계 대전이다. 약 7,500만 명으로 추정되는 총 사망자 중 민간인이 대다수였다. 당시 대한민국은 추축국(Axis powers)인 일본의 식민 지배하에 있었고,

1944년생 박옥수 목사는 동시대의 다른 사람들처럼 전쟁 피해자였다. 네 명의 숙부 중 태평양전쟁에 세 명이 징용되었고 두 명은 전사했다. 겨우 살아남은 숙부는 우리나라로 귀향하지 못하고 일본 히로시마에 정착해야 했다.

종전과 독립의 기쁨도 잠시, 대한민국은 다시 이데올로기 대립에 의한 6·25전쟁에 휩싸였다. 어린 박옥수는 1950년에 발발한 그 전쟁을 겪으면서 수많은 가족들이 생이별하고 생사가 엇갈리는 현장을 목격했다. 그의 막내 숙부가 국군으로 전쟁터에 나갔으나 생사여부를 알 수 없었고, 세월이 오래 지난 뒤에야 전사한 숙부의 유해가 국립묘지에 안치되어 있다는 사실을 알았다. 또, 갑자기 병에 걸린 어머니는 전쟁 통에 병원 한 번 가보지 못한 채 세상을 떠나셨다. 홀로 5남매를 힘겹게 키우신 아버지의 희생과 사랑 속에서 그는 소년으로 성장했다.

1953년에 전쟁이 끝났다. 하지만 가난은 끝날 줄 몰랐다. 굶주림에 지친 그는 남의 밭에 들어가 밀 이삭을 꺾어 먹고, 과수원에서 주인 몰래 사과를 따먹으며 배를 채웠다. 어려서부터 동네 교회에 열심히 다녔던 소년 박옥수는 다시는 남의 것을 훔치지 않겠다고 기도하고 다짐도 했지만, 친구들과 어울리다 보면 어느덧 또다시 같은 죄를 짓고 있었다.

집안 형편이 어려워 학업을 계속할 수도 없고, 스스로 바르게 살지도 못하는 자신에 대해 그는 크게 실망하고 좌절했다. 당시 그가 가장 힘들었던 것은 배고픔이 아니었다. 내일을 기다려도 오늘과 다를 게 없는 '부동의 현실'이 가장 고통스러웠다. 오늘보다 내일이 더 낫다는 것을 기대할 수 있다면 그는 어떤 어려움도 견뎌낼 것 같았다.

목사의 길을 가면서 연결된 청소년들

그렇게 열여덟 살이 된 박옥수는 책 속에서 희망을 찾으려 했다. 소설책에 빠져 지내던 그가 어느 날부터 성경을 펴서 읽기 시작했다. 읽으면 읽을수록 성경 속에 담긴 예수 그리스도의 마음이 조금씩 그에게 다가왔고 그 사랑이 크게 느껴지면서 그는 1962년에 거듭난다. 이후 그의 삶은 빠르게 변화했다. 암울한 어제가 아닌, 밝은 내일을 응시하게 되었고 마음은 한없는 감사로 따뜻해졌다. 목사의 길을 선택한 그는, 희망 없이 사는 사람들에게 새로운 삶과 밝은 미래를 전해주는 일을 필생의 소명으로 삼았다.

젊은 목사 박옥수는 고아들이 사는 보육원에 찾아가, 힘든 현실에서도 마음은 감사할 수 있다고 가르쳤다. 불우한 청소년들을 만나 대화할 때면 그들의 마음이 어디로 흘러가고 있는지 하나하나 설명했고, 진정한 감사와 행복이 있는 세계로 이들을 이끌어갔다.

신기한 것은, 문제 많던 청소년들이 그와 함께하는 동안 점점 달라졌다. 안 된다는 생각과 불평불만을 쏟아내던 자신의 소리를 멈추고 원망스런 세상을 긍정의 시선으로 바라보기 시작했다.

한국에서 청소년 선도 교육을 줄곧 해온 박옥수 목사는 1994년 미국 LA 바이블 세미나에 참석했다가 재미교포 2세 앤디라는 학생

을 만난다. 권총을 주머니에 넣고 다니며 마약까지 하는 아들이 걱정스러워 제발 맡아달라는 학생 어머니의 부탁을 못 이겨, 그는 앤디를 한국에 올 때 데리고 온다. 6개월 동안 같이 지내면서 박 목사는 시간이 될 때마다 앤디와 마음으로 대화를 나누었다. 그것이 전부였다. 어느 날 앤디는 "게임 하지 마!", "마약 하지 마" 같은 소리를 듣지 않고도 이런 것들이 저절로 멀어질 수 있다는 사실을 경험한다.

마약 없이도 기쁘게 살 수 있음을 경험한 앤디는 예전과 다른 모습이 되어 미국의 집으로 돌아간다. '새사람'이 된 앤디를 보고 LA 한인 교포 사회가 큰 충격을 받는다. 이듬해인 1995년 여름, 앤디처럼 변하고 싶은 한인 청소년 28명이 박옥수 목사를 찾아 한국을 단체 방문했고, 이를 계기로 제1회 한미청소년수련회가 열렸다. 한인 교포 사회에 이런 변화 사례가 알려지면서 1997년 여름방학에는 더 많은 학생들이 그를 찾아왔다.

청소년 단체와 교육 프로그램을 만들다

청소년 교육을 주관할 단체의 필요성을 느낀 박옥수 목사는 2001년에 국제청소년연합(IYF, International Youth Fellowship)을 설립한다. 이 단체의 기본 정신은 '도전Challenge, 변화Change, 연합Cohesion'이다. 자신의 한계 밖에서 마주친 어려움에 물러서지 않고 나아가는 '도전', 가치 있는 가르침을 받아들임으로써 자신의 정체성을 찾고 성장해가는 '변화', 한 인간으로서 민족·국가·언어·종교를 초월해 누구와도 진정한 연결을 구현하려는 '연합' 정신은 청소년들의 활동에 중요한 기준이 되고 있다.

단체를 설립한 박옥수 목사는 운영을 함께할 인원들이 필요했다. 그가 청소년을 혼자 도맡을 수 없기에, 자신과 똑같은 마음으로 일할 사람들을 모아 온 세상 청소년들을 가르치고 싶었다. 그와 일하겠다는 사람들 중에 가난한 나라에 가서 청소년에게 꿈을 주고 싶다는 희

망자가 있으면 아프리카로 보내 그 꿈을 실현하도록 도왔다. 그렇게 해서 생긴 IYF 지부 219개가 현재 115개국에 분포되어 있다.

각 지부에서 하는 주요 활동은 청소년 상담, 인성 함양을 위한 마인드교육, 지역 사회 발전을 위한 봉사 등이다. 특히 마인드교육을 받은 청소년들이 이전보다 밝고 활기차게 변하는 모습을 본 그 나라 정부 관계자들은 IYF와 MOU를 맺어 함께 일하기를 제의했으며, 그렇게 청소년 교육을 같이 진행하고 있는 나라가 현재 수십 개국이다.

IYF가 청소년들을 위해 만든 유익한 행사들 중에서 대표적인 프로그램이 있다. '월드캠프(WORLD CAMP)'와 '굿뉴스코(GOOD NEWS CORPS)' 해외봉사가 그것이다.

월드캠프는 매년 7월, 전 세계에서 온 대학생들이 모이는 글로벌 축제로서, 박옥수 목사의 마인드교육 강연을 시리즈로 들을 수 있다는 점이 특징이다. 뿐만 아니라 세계 유수의 석학들과 국가 리더, 기업가 특강을 통해 실패를 딛고 일어나는 진솔한 성공 스토리나 사회생활에 꼭 필요한 자기계발 노하우를 배운다. 참가자들은 그룹별 활동을 하면서 인종·언어·국가·나이를 개의치 않고 우정과 친분을 쌓아간다. 그래서 대부분의 월드캠프 참가자들은 예전에 재미교포 앤디가 한국에 와서 달라졌던 것처럼, 캠프를 마칠 즈음엔 표정이 한껏 밝아지고 마음에 새로운 에너지를 얻어 내일의 희망을 품은 '새사람'으로 변화한다.

가치 있는 최고의 경험, 굿뉴스코 해외봉사

또 다른 대표적인 프로그램은 박옥수 목사가 청소년들에게 새로운 세계를 보여주려고 만든 굿뉴스코 해외봉사이다. 참가자들의 만족도가 대단히 높은 이 프로그램은, 매년 수백 명의 젊은이들이 백여 개국으로 흩어져 1년 동안 낯선 외국에서 지내며 마음의 세계를 배운다. 현지인 친구들과 부딪히는 가운데 화합하는 법도 배우고, 자신의 정체성을 알아가는 과정에서 내적인 성장을 도모한다.

해외봉사 참가자 중에는 게임, 알코올, 도박, 범죄에 빠진 적이 있거나 어려운 가정 형편 때문에 고통을 겪은 청년들도 있다. 이전에 어떤 길을 걸었든 이 프로그램에 참가하면 누구나 달라지는 새로운 삶을 경험한다. 박옥수 목사가 잘못된 마음을 바꾸는 길을 가르쳐주고 있기 때문이다.

다음은 해외봉사를 가는 학생들에게 그가 자주 하는 이야기다.

"요즘 젊은이들은 외모를 좋게 바꾸고 싶어 얼굴 성형을 하고 다이어트를 합니다. 하지만 마음을 바꾸는 것이 얼마나 좋은지는 잘 모르는 것 같습니다. 사람이 마음을 바꿀 줄 알면 삶이 정말 행복해집니다. 그런데 편안하고 익숙한 둥지 안에만 있으면 자기 마음을 바꾸기가 어렵습니다. 굿뉴스코 여행에서처럼, 먼 나라에 가서 예상 못한 어려움을 만나고 가난하게 사는 그곳 사람들과 직접 대화하면서 마음이 바뀌는 것이 훨씬 쉽습니다. 옷을 바꿔 입듯이, 굿뉴스코 참가자들은 상황이 좋지 않다고 고집하지 않고 마음을 먼저 바꾸는 훈련을 합니다. 그 결과, 이기적이고 미숙한 마음가짐에서 벗어나 새로운 마음의 세계로 진입합니다. 이것이 세상에서 가장 아름다운 변화입니다. 그런 변화를 경험한 젊은이들이 많아질 때 세상은 평화로워집니다."

이렇게 1년 동안 가난한 아프리카 사람들이나 풍요로움 속에 감춰진 아픔과 눈물이 있는 선진국 사람들을 만나 함께 기쁨을 나누고 봉사하고 오는 참가자들은 다른 사람들을 위해 사는 가치를 발견하고 도전 정신과 교류하는 삶을 자연스레 체득한다.

2002년에 14명이 10개국으로 해외봉사 여행을 떠나면서 시작된 굿뉴스코 프로그램이 지금은 누적 참가자 1만 명이 넘는다. 그들 중 대다수는 다녀온 나라에서 받은 사랑과 감사를 마음속에 간직했다가 다른 사람들 마음에 그대로 전해주는 '평화의 벨트'를 만들어가고 있다. 굿뉴스코 해외봉사의 특성을 한 문장으로 표현한 '내 젊음을 팔아 그들의 마음을 사고 싶다!'라는 슬로건은 정말 강렬하다.

청소년들의 행복을 바라는 마인드교육

박옥수 목사가 성경에서 청소년 교육에 필요한 내용들을 모아 집대성한 마인드교육은 '인식 개선으로 삶의 변화'를 지향하는 교육 패러다임이다. 그는 수십 년 동안 청소년들을 가르치면서 얻은 실제 경험들을 책으로 내면서 교육 방식을 정립했다.

2009년 12월, 중국 공청단 산하 기관에서 청소년 교육 전문가로 알려진 박옥수 목사를 초청했다. 심각해지는 청소년 문제의 해결 방안을 찾기 위한 강연회를 가졌는데, 그의 강연 내용이 큰 반향을 일으켰다. 중국의 출판사에서 단행본 발행을 제안하면서 그의 청소년 교육 관련 도서가 '마인드교육'이라는 이름을 달고 처음 발간되었다. 각국의 IYF 지부에서 그 책을 청소년 교재로 사용하려고 영어, 프랑스어, 스페인어 등 외국어 번역을 요청하면서 여러 나라에 마인드교육이 알려지기 시작했다.

"전 세계 모든 청소년이 행복 속에서 잠들고
소망 가운데 눈뜨기를 바랍니다.
청소년들이 그렇게 사는 것이 제 꿈입니다."

박옥수 목사가 꿈꾸는 교육철학이다. 한 사람도 낙오되지 않고 행복과 소망 속에 살기 바라는 그의 간절함 속에서, 길 잃은 한 마리의 양을 끝까지 찾아가는 그리스도의 정신이 느껴진다. 모두 함께 가길 바라는 그 마음은 '단 한 사람도 뒤처지게 놓아두지 말라(Leave no one behind)'는 슬로건을 내건 유엔의 지속가능발전목표SDGs와 맥을 같이하는 것이기도 하다.

지식교육이나 창의교육 등 기존의 교육 이론들과 비교해볼 때, 마인드교육은 크게 네 가지 점이 다르다.

첫째, 마인드교육의 영역은 마음의 세계이다.

우리는 물질적 풍요와 성공을 행복의 척도로 삼는 세계에 살고 있다. 빠른 경제 성장을 바탕으로, 물질 중심의 가치관이 형성되었기 때문이다. 교육도 성공 지향적인 지식교육이 주를 이루었으나, 사람들이 느끼는 행복감은 그에 부응하지 못하고 있다. 한국의 경우, 자살률은 점점 높아지고 출산율은 떨어지고 있으며, 국민의 행복지수도 경제 발전과 반대 방향으로 내리닫고 있다. 또한 지식교육을 받은 청소년들의 인성 결핍 현상은 한국뿐 아니라 다른 나라에서도 이미 사회 문제가 되었다. 지식, 기술, 자본이 삶의 중심이 되면서 심리적 질환의 폐해를 극복할 길이 희박해진 것이다.

마인드교육은 물질세계가 아닌 마음세계를 중점적으로 가르친다.

인간의 마음은 흘러가는 길이 있으며, 마음이 잘못 형성되면 삶이 어긋난 방향으로 간다. 방황하는 청소년들은 대부분 마음에 감사나 소망, 꿈이 없다. 그런 청소년들에게 바르게 살라고 가르친다고 달라질까? 먼저 청소년들이 감사와 소망과 꿈을 품도록 이끌어주면 삶은 저절로 바뀐다.

둘째, 마인드교육의 콘텐츠는 사고력, 자제력, 교류이다.
잡초가 무성한 땅에 씨앗을 뿌리면 결실을 기대하기 힘들 듯이, 혼란한 생각들로 가득한 마음에는 가치 있는 것들이 뿌리내리기 어렵다. 그래서 마음 관리가 필요하며, 이때 사고력, 자제력, 교류라는 세 가지 역량 훈련이 매우 중요하다. 특히 즉흥적으로 결정하고 행동하는 청소년들이 사고력 훈련을 받으면 얕은 생각이 깊어지고 좁은 시야도 폭넓어진다. 자제력은 잘못된 생각을 멈출 수 있는 브레이크에 해당한다. 자제력이 없으면 살면서 원치 않는 문제를 만들 수 있다. 또한 서로 대화하고 양보하고 교류하는 삶이 중요한데, 이를 잘 배우지 못하면 자기 생각만 옳다는 독선에 빠지기 쉽다. 독선은 다시 고립 상태로 이어진다. 따라서 사고력, 자제력, 교류, 세 가지 교육을 받아서 거친 마음이 다듬어지면 감사와 희망이 뿌리내릴 수 있는 가치 있는 옥토가 된다.

셋째, 마인드교육의 효과는 마음이 먼저 달라지면 삶도 달라진다.
인간에 대한 본질적인 이해가 뒷받침되지 못한 교육 이론은 내용이 좋더라도 실행이 어렵다. 반면에 인간 이해를 바탕으로 한 교육은 공감을 불러일으킴으로써 학생에게 자발적 실천이라는 원동력을 부여한다. 마인드교육은 말 그대로 사람의 마음을 먼저 바꿔서 삶을 변하게 한다. 마음의 변화가 삶의 변화로 연결되는 교육 원칙은 여러 나라의 사례에서 확인해볼 수 있다. 그래서 박옥수 목사는 마음을 먼저 바꾸는 것이 삶을 바꾸는 가장 분명하고 빠른 길이라고 청소년들에게 가르친다. 마음의 기본자세를 가르치고, 거기에 밝고 따뜻한 꿈을 심어 밝은 미래를 향해 달려가게 해주는 것이다. 마음이 밝으면 무엇을 하든 자신의 힘을 아낌없이 쏟아부을 수 있다. 마음이 따뜻하면 긍정의 시선을 갖게 되고, 그 사람이 있는 곳 주변을 따뜻하게 만든다.

넷째, 마인드교육은 '풀뿌리 평화주의'를 세상에 확산시킨다.

마인드교육으로 마음의 세계를 발견한 사람은 자신이 얻은 행복을 혼자 누리지 않고 주위 사람들과 나누려고 한다. 한 사람이 발견한 행복은 한 가정을 행복하게 만든다. 또 행복한 가정들이 모여 행복한 사회를 구성하며, 평화로운 세상으로 확장해간다. 풀이 들판을 덮듯이, 개개인의 작은 행복이 하나둘 늘어나면서 점점 세상에 평화의 영역을 넓혀가는 것이다. 그래서 마인드교육은 '풀뿌리 평화주의'를 세상에 확산시킨다.

마인드교육 초기에는 개개인의 변화가 갖는 영향력이 작아 보였지만, 지금은 마인드교육을 국가 차원에서 시행하려고 검토하는 나라가 늘어나고 있다. 박옥수 목사는 청소년 교육과 관련해 여러 국가의 정상들과 꾸준히 협의해 왔으며, 그의 교육 효과가 알려지면서 이를 시행하려는 나라들도 많아지고 있다.

특히 교육에 남다른 관심과 열정을 가진 필리핀은 마인드교육을 청소년 문제 예방 차원에서 오래 전부터 해오고 있다. 'MEST(Mind Education Specialist Training)'라는 이름으로, 교사들을 위한 마인드교육이 그것이다. 루손·비사야·민다나오 지역의 대부분 도시에서 매년 진행되고 있는데, 10년 동안 350회가량 실시하여 90만 명의 공립학교 교사 가운데 교육 이수자가 9만 명을 넘는다. 교사의 10% 이상이 교육을 받았을 만큼 활발한 상황이다. 앞으로 마인드교육 교과서를 학교별로 채택할 것이며, 이 과정은 IYF와 각 지역 교육 기관이 상호 호혜적으로 진행하고 있다.

필리핀은 교사들과 마약 자수자들 외에도 경찰청 산하 지역 훈련 센터에서도 마인드교육을 실시하고 있으며, 경찰대학(NPC)과 각 지역에 있는 군부대 등으로 그 교육을 확대해가고 있다. 2020년부터는 매달 격주로 2회씩 교정청 본부 고위 간부에게 마인드교육을 실시하고 있다.

60년을 한결같이 헌신하는 실천가

박옥수 목사는 사람들의 마음에 변화를 일으켜, 밝고 따뜻하게 삶을 바꾸어주는 일을 가장 큰 보람으로 여긴다. 내일의 지도자로 청소년들을 교육하는 일에 솔선수범해온 그를 멘토로 삼는 젊은이들도 매우 많다. 골칫덩이 문제아에서 한 나라의 대통령에 이르기까지 박옥수 목사는 자신을 필요로 하는 사람이 있으면 누구든 마다하지 않고 만난다. 또한 어려운 일을 겪고 있는 사람이 있으면 그곳이 섬이든 산악지대든 가리지 않고 찾아간다.

자신을 위해 살지 않고 다른 사람들을 섬기며 청렴하게 사는 그는 이 시대 사표(師表)이기에, 대한민국의 원로 이수성 전 국무총리, 케냐의 윌리엄 루토 대통령, 에스와티니 음스와티3세 국왕, 파라과이의 페르난도 루고 전 대통령, 요나 메츠거 이스라엘 전 수석 랍비 등 세계적인 지도자들이 그에게 존경을 표한다.

박옥수 목사는 청소년 교육 외에 다른 활동들도 하고 있다. 의료시각지대를 찾아가는 진료 자선봉사, 재소자 교화 교육 등 심신의 고통을 받고 소외된 사람들을 위한 활동이 대부분이다. 또한, 클래식

음악을 전문으로 하는 그라시아스합창단을 창단하여 청소년의 거친 마음을 순화시켜주는 공연을 감동적으로 다양하게 펼쳐간다.

오늘도 박옥수 목사는 새벽 3시에 일어나 하루를 시작한다. 성경을 읽고, 기도하고, 글을 쓰고, 아침을 맞는다. 어려운 일을 당한 사람들이 찾아오면 성경을 펴서 말씀으로 상담해주고, 그를 기다리는 단체가 있으면 그곳에 찾아가 강연도 한다. 60년을 한결같이 이렇게 살고 있다. 사람들이 행복하게 사는 것이 곧 그의 행복이기에, 어떤 문제나 어려움 앞에서 그는 움츠리거나 결코 뒤로 물러나지 않는다.

테러 집단의 무장 공격에 우리의 안전이 휘청거리는 오늘날, 평화는 얇은 유리판처럼 불안하게만 느껴진다. 폭력의 손을 꽁꽁 묶어둔다고 마음속 평화가 보장되는 것도 아니다. 결국은 '인류가 어떤 마음을 가지고 있는가' 그것이 평화의 열쇠이다. 한 사람의 마음이 다른 사람의 마음과 연결되어 열릴 때, 그것이 우리가 진심으로 원하는 평화의 열쇠이다.

깊이 사고하면서 자신의 욕구를 자제하고 주변 사람들과 교류할 줄 아는 사람이 세상에 하나둘 점점 늘어간다면, 평화를 저해하는 요인들은 상대적으로 점점 줄어들 것이다. 그런 의미에서 박옥수 목사의 마인드교육과 청소년 활동은 평화를 보장해줄 이 시대의 희망이 분명하다.

자신을 위해 살지 않고 다른 사람들을 섬기며
청렴하게 사는 박옥수 목사.
그를 만나고 그를 지켜본 세계의 많은 인사들이
그에게 존경을 표한다. 한편으로는 어둡게 살던 청소년들이
그가 내민 따뜻한 손을 잡고 일어나
그처럼 타인을 위해 자신을 희생하는 삶을 시작한다.

Chapter *02*

박옥수 목사를
말하다

Chapter 02

도대체 어떤 분이 학생들을 이렇게 만들었을까?
_ 이수성 (29대 국무총리, 전 서울대 총장)

오래 전, 서울 프레스센터 앞을 지나가다가 그곳에서 열린 사진전을 보았다. 대학생들이 해외 봉사 활동을 한 사진들로, 사진 속 학생들의 밝고 활달하고 순수한 얼굴을 보고 감동했다. 영혼이 맑은 학생들을 만나서 한없이 기뻤다. '도대체 어떤 분이 학생들을 이렇게 만들었나?' 궁금했다. 그 일이 인연이 되어 IYF의 설립자 박옥수 목사님을 알게 되었다.

나는 40년 동안 학생들을 가르친 교육자로서, 올바른 청소년 교육이 세상에 행복을 가져올 수 있다고 굳게 믿는 사람이다. 그리고 그

올바른 교육이 IYF 안에서 이루어지고 있는 것을 보았다. IYF에서 만난 청소년들은 세상이 어지러워도 밝고 활기차고 행복하다. 나는 IYF의 교육과 활동이 있어서 이 세상에 희망이 있다고 확신한다.

이 일을 시작한 박옥수 목사는 청소년 교육에 일생을 바친 분이다. 나는 월드캠프, 굿뉴스코 봉사단 귀국발표회, 세계 청소년부 장관 포럼과 대학총장 포럼 등에 참석해서 그가 하고 있는 교육을 현장에서 보았다. 청소년들의 변화는 놀라웠고 아름다웠다. 그가 하는 일을 본 교육자들이나 청소년 관계자들은 다 그와 함께 일하고 싶어했으며, 본인들이 먼저 행복해했다.

내가 아는 박옥수 목사는 겸허하고 정직하며 순수한 마음을 가지고 있다. 오만이나 편견과는 거리가 멀고, 헌신과 타인을 향한 사랑으로 자신의 마음을 가득 채운 분이다. 그 마음이 삶에 그대로 나타나 사람들에게 감동을 주어, 그를 만난 젊은이들이 그의 모습을 닮아가고 있다.

진정한 교육 _페르난도 루고(파라과이, 52대 대통령)

2008년, 내가 파라과이의 대통령 당선인으로서 한국을 방문했을 때 박옥수 목사님을 처음 만났다. 그 당시 선물로 받은 목사님의 책을 읽고 깊은 감동을 받았으며, 인간에 대한 사랑을 바탕으로 한 그의 철학에 동참하고 싶다는 생각이 들었다. 그 후로 목사님이 파라과이를 방문할 때마다, 또는 내가 한국을 방문할 때마다 우리의 만남을 계속 이어왔다.

정치인의 길을 선택한 가톨릭 주교로서, 나는 올바른 종교 지도자들이 개개인의 행복뿐만 아니라 사회나 국가를 평화롭고 선하게 유지하는 데 큰 역할을 한다는 것을 잘 알고 있다. 누구나 "물고기를 주는 것보다 낚시하는 법을 가르치는 것이 더 중요하다"는 말에 공감할 것이다. 박옥수 목사님은 아프리카 여러 나라에 학교와 병원 등을 세워 사람들을 무지와 질병에서 벗어나게 돕고 있는데, 그의 진심어린 활동은 물질적 지원을 넘어서는 것이다. 그는 '마인드교육'이라는 새로운 교육을 창안하여 가난, 범죄, 정치적 및 종교적 문제로 인해 깊은 고통과 절망에 빠진 모든 사람에게 행복한 삶의 관점을 가르치고 있다. 이는 어떤 환경에서도 행복하게 살 수 있는 마음의 눈을 갖게 하는 중요한 교육이며, 그가 설립한 국제청소년연합(IYF)을 통해 시행되고 있다.

마인드교육은 청소년들에게 올바른 가치와 건강한 마음을 심어주는 교육이다. 이 교육은 현재 파라과이뿐 아니라 전 세계적으로 다양한 형태로 진행되고 있다. 박옥수 목사님과 마음을 함께하는 사람들

　중 일부는 마인드교육의 씨앗을 뿌리고, 다른 사람들은 나무가 자라도록 물을 주고 돌보며, 일부는 이미 여러 곳에서 그 열매를 거두고 있다. 나는 IYF가 시행하는 마인드교육의 원칙들이 세계 교육의 미래 비전에 포함되기를 바란다.

　박 목사님은 세계문화캠프와 같은 프로그램을 통해 청소년을 변화시키기 위해, 라틴 아메리카에서 다른 어떤 국가보다 파라과이를 많이 방문했다. 또한, 새소리음악학교도 설립했다. 나는 사람을 잘 교육하는 것이 인류의 미래를 위한 가장 중요하고 보람 있는 일이라고 확신한다. 아이들을 잘 키운다는 것은 그들이 평화롭게 공존하고 삶을 소중히 여기는 사람들로 성장하는 것을 의미한다. 현재 여러 가지 이유로 조화롭게 살기 힘든 글로벌 세상을 고립과 절망에서 구할 수 있는 길은, 헌신적인 박옥수 목사님과 인종·종교·국가의 벽을 넘어 모든 사람을 행복하게 만드는 마인드교육에 있다고 생각한다.

사랑의 문명을 구축하고_야이 보니(베냉, 7대 대통령)

나는 오랜 세월 박옥수 목사님과 알고 지내왔다. 그는 약하고 모자란 사람들이 평화롭게 살 수 있도록 끊임없이 일하는 분이라고 확신한다. 그는 지속적인 평화를 가져다주는 복음을 전파하기 위해 광활한 세상을 가로지르며 산과 강을 누비고 다녔으며, 자신이 전하는 이야기를 자신이 먼저 실천하는 삶을 더했다.

세상의 모든 청소년을 사랑하는 마음으로 그는 100여 개가 넘는 국가에 IYF 지부를 설립하였다. 그곳을 통해 청소년들의 마음에 평안을 심고, 일에 대한 열정을 갖게 하며, 청소년 모임 및 의료 혜택을 제공하고, 다양한 방식으로 교육을 전개했다. 베냉에서는 특별히 의료 센터를 건설하여, 베냉뿐 아니라 아프리카 지역의 부룰리궤양 및 난치성 질환 환자들에게 치료를 무료로 제공하고 있다. 또한 청소년 교육을 위해 청소년 센터를 건축했으며, 월드캠프를 비롯해 여러 형태의 캠프를 진행하고 다양한 종류의 아카데미를 개설해 청소년들을 가르치고 있다.

곤경에 처한 지금 세상에서 박옥수 목사님은 희망과 기대를 대표하는 한 분이다. 세계 곳곳에서 비관적인 행태의 일들이 일어나고 있음에도 불구하고 그는 세상 모든 사람을 사랑으로 연결하고 있다.

박옥수 목사님은 그가 전하는 메시지, 그의 활동 및 태도, 그가 품고 있는 비전을 통해 세계가 그토록 필요로 하는 '사랑의 문명'을 구축하고 있다.

큰 희망을 선물_에드거 룽구(잠비아, 6대 대통령)

2016년 3월, 대통령이었던 나는 잠비아를 방문한 박옥수 목사님을 처음 만났다. 그 후 우리는 개인적으로도 친밀해졌다. 박 목사님은 마인드교육을 통해 세상의 많은 사람들에게 종합적인 인격 개발 프로그램을 제공해 삶에 엄청난 영향을 미쳤다. 나는 깊이 있는 그의 가르침을 자연스럽게 받아들였고, 이는 내 삶을 크게 변화시켰다.

21세기에 박 목사님이 전 세계에 미친 탁월한 기여는 주목할 만하다. 그는 수십 명에 이르는 각국 지도자들과 교육 문제를 논의하고, 나라들마다 안고 있는 청소년 문제에 관한 지속가능하며 효과적인 해결책을 제시했다. 또한 그는 굿뉴스미션, 국제청소년연합(IYF), 그라시아스합창단, 기독교지도자연합(CLF) 등 매우 영향력 있는 글로벌 단체를 설립했다.

그는 CLF를 통해, 궤도에서 벗어난 21세기 기독교의 길을 바로 잡고 있다. CLF는 전 세계의 기독교 목회자들을 하나로 엮어서 진정한 복음을 전하는 일을 하고 있다. 코로나 팬데믹 기간에는 그의 설교가 662개의 방송을 통해 전 세계에 전파되는 것을 목격했다. 그 메시지들은 절망에 빠진 사람들이 팬데믹을 이겨내는 데 필요한 희망과 용기를 가져다주었다.

박옥수 목사님은 약물이나 알코올 중독, 게임 및 유해한 악습에 빠진 청소년들의 망가진 삶을 되살린다. 100여 개의 나라에 IYF 지부를 세워, 그곳 청소년들이 밝고 올바른 마음을 가질 수 있도록 교육 및 교류의 프로그램을 시행하고 있다. 그러한 활동은 잠비아에서도 시행되어 청소년들의 변화에 놀라운 진전을 가져오고 있다. 그의 뛰어난 기여는 방향과 길을 잃은 현 세대에게 큰 희망을 선물했다.

새 삶을 살도록_ 나나 아쿠포아도(가나, 대통령)

박옥수 목사님은 나의 좋은 친구이다. 그는 전 세계의 청소년을 하나님을 믿는 믿음과 특별한 마인드로 바꾸고 있다. 꿈이 없는 가나의 청소년들에

게도 사고력과 도전하는 마인드를 심어주어 새로운 인생을 살도록 이끌어주고 있다. 오랫동안 청소년들을 위해 헌신해온 박옥수 목사님께 감사와 존경을 표한다.

정부의 비전과 맞물려_타네티 마마우(키리바시, 대통령)

키리바시는 IYF의 활동으로 말미암아 영적, 사회적, 경제적으로 많은 축복을 누리고 있다. IYF에서 청소년들을 위해 제공하는 대안 학교, 문화  교류 등의 프로그램이 우리 청소년들의 마음에 꿈을 심어주고 있다. 영적 생활을 중심으로 균형 잡힌 활동들이 청소년들의 마음과 몸과 삶을 바르게 잡아주고 활기차게 만들고 있다.

　IYF는 청소년으로 말미암아 일어나는 사회 문제를 해결하는 부분에 있어서도 마음을 쏟고 있다. 특히 학업을 중단한 학생들을 위해 정부 기관과 협력하여 교육의 기회를 제공하고 있다. 그로 말미암아 방황하는 청소년들이 새로운 꿈을 얻고, 자신이 설 바른 위치를 되찾고 있다. IYF의 활동들은 키리바시 정부의 비전과 잘 맞물려 힘차게 진행되고 있다.

가나가 달라진다 _무스타파 우시프(가나, 청소년&스포츠부 장관)

청소년들의 마인드가 나쁘면 국가 미래는 없다. 청소년들이 어려움을 극복하지 못하면 게으름이 몸에 배어 인생을 낙오자처럼 살게 된다. 그들의 마인드를 바꾸는 것이 쉽지 않지만, 가나를 사랑하는 박옥수 목사님은 오래 전부터 가나 청소년들의 마인드를 바꾸는 일을 해오고 있다. 그래서 가나가 달라지고 있다. 최고의 나라가 되어가고 있다.

존경받는 지도자 _스티븐 아사모아 보아텡(가나, 종교부 장관)

많은 종교 지도자들이 사람들에게 존경받지 못하고 있는 시대다. 이런 중에 박옥수 목사님은 하나님의 마음을 품고, 영원한 속죄로 우리가 죄인에서 의인이 되는 정확한 복음을 전해주셔서 감사하다. 박 목사님은 이 시대의 영적 지도자로, 기독교인뿐 아니라 누구라도 그의 인도를 받으면 행복해진다.

공감하는 리더_파나 하고스(에티오피아, 메켈레대학교 총장)

오랜 시간 박옥수 목사님을 알고 지내면서, 그가 평화를 증진하고 청소년을 위해 모든 것을 쏟아 헌신하는 것을 보았다. 그가 시행하고 있는 마인드교육은 청소년들로 하여금 강하고 건강한 사고력을 소유하게 하여, 좋은 꿈을 품고 세상을 평화롭게 만드는 인물로 키워내는 데 깊은 영향을 미치고 있다. 그는 갈등 해결, 대화와 교류, 불안한 상태의 근본 원인 해결 등에 있어서 자신이 먼저 본을 보였다.

IYF가 에티오피아에서 행한 주목할 일 하나는, 2018년 메켈레대학에서 열린 '제9회 아프리카 대학 체전'을 우리 대학과 함께 성공적으로 치러낸 것이다. 박 목사님의 리더십과 IYF의 기여는 감탄할 만하고 평화로웠다. 우리가 IYF와 함께 일하게 되어 자랑스러웠다.

박 목사님이 시행하는 마인드교육의 영향으로 수많은 대학생들이 해외봉사 활동을 하고 있다. 에티오피아에서도 잘 훈련받은 자원봉사자들이 다양한 활동에 참여하고 있다. 이들이 새로운 세계의 지도자들이다. 우리는 이 활동을 보다 적극적으로 시행하기 위해 우리 대학에 마인드교육연구소를 설립했다.

박 목사님은 인간을 사랑하고, 누구와도 공감하며, 무너진 삶을 회복시키는 일을 계속 하고 있다. 인도주의적 사랑을 바탕으로 한 그의 희생과 새로운 삶을 시작하도록 영감을 줄 수 있는 그의 능력은 그를 이 시대에 누구보다 소중한 사람으로 만들었다. 그는 이미 수많은 놀라운 일들을 이루었을 뿐 아니라, 다른 사람들도 세상을 평화롭고 정의롭게 만드는 일에 적극적으로 참여하도록 마음을 북돋아준다.

평화와 화합의 씨앗 _사무엘 에손(가나, 케이프코스트대학교 총장)

전 세계 청소년들을 위하는 변함없는 헌신, 마인드교육이 청소년들에게 미친 변화의 바람은 박옥수 목사님을 소중한 사람으로 만든다. 분명한 꿈을 가진 그의 리더십은 IYF를 설립하고 이끌면서 전 세계 수많은 사람들의 삶에 지울 수 없는 흔적을 남겼다.

그는 IYF를 통해 문화적, 국가적 경계를 초월하는 플랫폼을 만들어 다양한 청소년들 사이에 단결과 이해의 감각을 키웠다. 청소년들이 인격 개발, 문화 교류, 지역사회 봉사 등을 배우며 책임감 있는 세계시민이 되도록 역량을 갖추어 주었다.

마인드교육은 수많은 청소년의 삶에 깊은 변화를 가져다주었다. 공감하는 힘, 무너진 삶을 일으키는 힘, 함께하는 자세 등을 길러주어 미래 세상을 밝게 만들어가는 데 중요한 역할을 하고 있다. 마인드교육의 영향은 교육받은 개개인에게 국한되지 않고 외부로 퍼져나가 사회를 조화롭고 평화롭게 만들며, 장벽을 허물고 서로 존중하며 즐겁게 동행하는 데 기여한다.

　　박옥수 목사님은 다음 세대를 이끌어갈 청소년들의 마음 마음에 평화와 화합의 씨앗을 뿌리고 있다.

나라를 새롭게_알라 제르니(우크라이나, 리브네 주립 교육대학원 총장)

마인드교육을 처음 접했을 크게 감명을 받았다. 우리나라 청소년들은 어려운 시기를 보내고 있다. 우리가 박옥수 목사님에게 들은 이야기들은, 우리 대학원의 교수 및 직원들과 학생들 모두에게 꼭 필요한 것이다. 교육학적, 과학적으로 바르게 가르치며, 자제력과 심리적 안정감을 가져다주는 이 교육은 창조주로부터 얻은 지혜와 힘에서 출발한다. 이 프로그램은 정말 대단하다고 여겨진다. 학생들에게 감정을 조절하는 데 도움을 줄 뿐 아니라, 마음을 바르게 해서 나아가야 할 방향을 분명히 제시해주기 때문이다. 마인드교육으로 우리 청소년들이 더욱 훌륭하게 성장할 것이다. 국민의 마음을 바꾸는 마인드교육이 우크라이나를 새롭게 할 것이다.

기독교 리더들의 연합 _아드부따 쿠말(인도, 구티바이블미션 회장)

박옥수 목사님은 수십 년 동안 사람들을 의로움 안으로 이끌어, 그 안에서 갈등과 대립을 해소하는 일을 해오고 있다. 특별히 CLF를 설립해 기독교 지도자들이 성경 안에서 하나로 연합할 수 있도록 노력을 기울여 왔다. 나는 한국에서 열린 CLF 행사에 참여해, 목사님의 열정과 성실함을 보았으며 그의 헌신적인 노력에 깊은 감명을 받았다. 나는 목사님을 인도로 초청해 우리 선교회에 소속된 30만 명이 그의 놀라운 설교를 들을 수 있게 했다. 나는 목사님이야말로 이 세상을 진정으로 평화롭게 만드는 분이라고 확신한다.

진정한 목회자 _바라니떼 기라따(키리바시, 기독교단 총회장)

나는 박옥수 목사님이 노벨평화상을 받기를 소망하는 사람 가운데 하나다. 목사님은 전 세계 청소년들을 변화시켜 사회의 등불이 되도록 이끄는 일에 삶을 바친 진정한 목회자이다. 나는 목사님이 교육 프로그램을 개발해 세계 청소년들의 마음과 삶을 긍정적으로 변화시키는 것을 목격하였고, 우리나라 청소년들도 그 혜택을 누리고 있다.

박옥수 목사님은 행복한 관계를 파괴하는 모든 갈등의 뿌리인 '자기중심적 생각'에서 벗어날 수 있도록 하는 지혜와 힘을 가지고 있다. 그가 펼치는 모든 활동의 중심에는 인간에 대한 사랑과 존중이 있다. 그래서 그 또한 많은 사람들에게 존중을 받는다.

마인드교육을 접했더라면_주앙 루이스(브라질, TV 프로듀서)

박옥수 목사님을 안 뒤 그의 저서에 담긴 내용들, 그가 남긴 메시지들에 깊이 공감했다. 그가 가르치는 마인드교육이 내가 인생에서 배운 바와 많은 부분에서 일치했기 때문이다. 나의 아버지는 정직하고 성실한 분이셨다. 자신의 생애를 가족과 몸담았던 회사를 위해 바쳤다. 아버지는 44년을 근무한 뒤 퇴직했고, 늘 하던 회의와 동료들에게서 멀어졌다. 아버지는 이런 때가 찾아올 것을 생각지 못해 우울증에 빠졌고, 삶의 의미를 잃었다. 모든 것을 잊기 위해 술을 마시기 시작했고, 결국 몸이 견디지 못해 69세의 나이로 우리 곁을 떠났다.

나는 '아버지가 살아 계셨을 때 마인드교육을 접했더라면 그렇게 가시지 않았을 것을…'이라는 생각이 들어, 다른 사람들이 나의 아버지와 같은 결말을 맞지 않도록 목사님의 활동과 가르침에 귀를 기울이길 바란다. 미래 세대는 물론 현재를 사는 기성세대에게도 마인드교육은 구원, 기쁨, 평화, 희망을 가져다주는 소중한 길이 될 것이다.

구호 단체를 위해_이스라엘 모르겐슈테른(이스라엘, 자카 회장)

박옥수 목사님은 개인, 가족, 그리고 국가 간의 평화를 이루기 위해 오랜 세월 노력해 왔다. 또한 전 세계의 자선 및 구호 단체를 위해서도 일하고 있다. 나는 '자카ZAKA' 수색 및 구조 팀 회장이자 이스라엘 국가 구조 팀 'Unit 360'의 회장으로서, 박 목사님이 우리 조직에 영적 및 물질적으로 도와주고 계심을 밝힌다.

나는 박 목사님이 활동하고 있는 한국을 비롯해 여러 나라들을 방문했으며, 그곳에서 그동안 볼 수 없었던 아름다운 사람들과 광경들을 직접 보았다. 잘 교육받은 학생들, 교양 있는 교사와 강사들…. 모두 '인류애, 평화, 미래 세대를 위한 교육'이라는 목적을 위해 헌신하고 있었다.

2023년 10월 7일, 하마스 테러분자의 공격으로 1,400명의 이스라엘 시민이 목숨을 잃었을 때 박 목사님은 바로 전화해 필요한 것을 확인하고, 가능한 모든 방법으로 인도적인 지원을 아끼지 않았다. 우리는 목사님에게 많은 빚을 지고 있다. 그는 세상의 평화, 교육, 사랑, 나눔을 위해 자신을 온전히 드린 사람이다.

그의 메시지를_미이미 위베르(콩고민주공화국, 기독교방송국 대표)

박옥수 목사님은 내 마음에 우리 시대의 위대한 지도자 가운데 한 분으로 남을 것이다. 나는 그에게서 겸손하고 소박하며 진실한 마음을 가진 사람의 태도를 발견했다. 그는 진실로 우리 마음을 감동시켰다. 또한 그가 전하는 구원의 메시지는 나에게 큰 영향을 미쳤다. 박 목사님 은 나의 꿈과 사역은 물론 가족 관계에도 커다란 영향을 미쳤다.

이 위대한 사람은 나와 내 아내의 삶을 변화시켰기 때문이다. 나는 우리 방송국에서 목사님의 메시지가 항상 흘러나오게 할 것이다. 우리나라의 청소년들이, 그리고 국민 모두가 하나님의 사랑 안에서 행복해지길 꿈꾸며.

세상을 평화롭게 _윌슨 주디(아이티, 델마 시장)

박옥수 목사님은 평화의 사도이다. 나는 여러 해 동안 그를 지켜보면서 그가 약한 사람, 가난한 사람, 그리고 청소년을 향한 사랑과 공감을 지닌 분이라고 확신한다. 그는 세상의 지도자들에게도 평화의 복음을 지속적으로 전했다.

또한 100여 개국에 200개가 넘는 IYF 지부를 설립했고, 이 NGO를 통해 세계의 청소년들을 행복의 길로 이끌고 있다. 아이티에서는 서부와 남부 지역에서 갖는 여름 캠프, 기독교 지도자들을 위한 컨퍼런스, 중고등학교와 대학에서 시행하는 마인드교육 등의 활동을 펼치고 있다. 박옥수 목사님은 어느 곳에서든 세상을 평화롭게 만드는 일에 자신을 드리는 위대한 분이다.

행복을 선물하는 분
_제랄드 쿰베르바치(파나마, 산미겔리토 전 시장)

2019년 파나마에서 열린 월드캠프 때 박옥수 목사님을 처음 만났다. 그 후 몇 차례 더 만나면서, 나는 사회 전반의 평화와 복지에 관한 그의 변함없는 헌신을 목격했다. 나는 대도시의 시장을 역임했으며, 지금은 변호사 겸 정부 기관의 수장으로 일하고 있다. 그래서 훌륭한 종교 지도자가 개개인의 안녕과 행복, 나아가 사회와 국가에 얼마나 좋은 영향을 미칠 수 있는지 잘 알고 있다.

박 목사님은 지난 60여 년간 지치지 않고 일해왔다. 무엇보다 새로운 형태의 마인드교육을 구현해 가난, 범죄, 그리고 다양한 문제로 고통하고 시달리는 사람들에게 행복을 선물해 삶의 변화를 가져다주었다. 나는 바른 교육이 미래를 위해 가장 중요하고 보람 있는 일이라고 확신한다. 아이들을 바르게 가르친다는 것은, 타인과 공존하며 서로의 삶을 소중히 여기는 평화로운 사람으로 만드는 것이라고 생각한다. 마인드교육이 그러한 일을 우리에게 선물할 수 있다고 확신한다.

한국에서 그를 만난 국가 정상들

2024년 6월, 한-아프리카 정상회의가 열렸다. 아프리카 55개국 중 48개국 대표단이 한국에 왔고, 25개국 국가 원수가 참석했다. 짧은 일정 중에도 케냐, 에스와티니, 가나, 토고, 라이베리아 등 8개국 정상들이 한국에서 꼭 만나길 희망한 사람이 있었다. 30년 전부터 아프리카에 선교사를 보내 청소년 교육에 힘써 온 박옥수 목사였다.

IYF센터를 방문해 박옥수 목사와 손을 맞잡은 토고의 포르 냐싱베 대통령

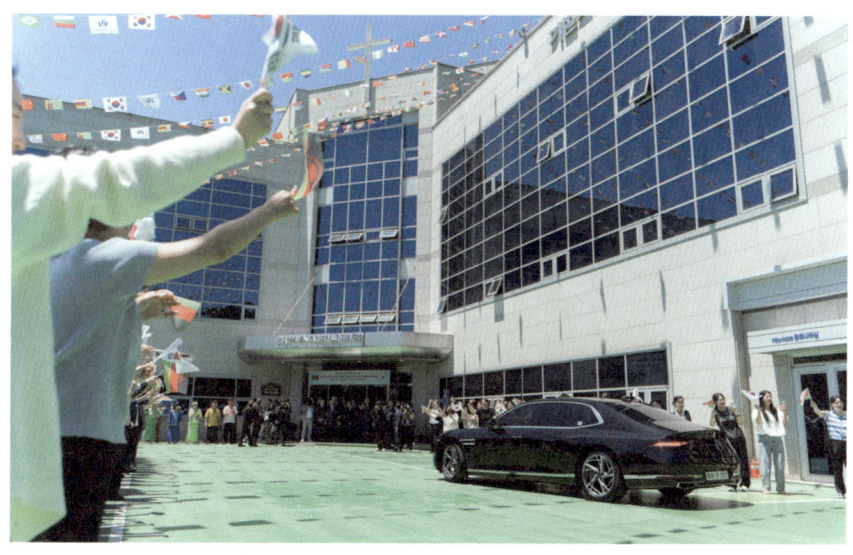

IYF센터를 방문한 국가 정상들에게 국기를 흔들어 뜨겁게 환영하고 있다.

환담하는 국왕 부부와 박옥수 목사 부부 | 박 목사의 저서 《마인드교육》을 들고 촬영했다.

에스와티니 국왕, 마코세티베 음스와티3세

"박 목사님은 아프리카에서 위대한 일들을 하고 계십니다. 에스와티니에도 몇 번이나 오셔서 국민들에게 하나님의 말씀을 전해주시는 등 많은 활동을 하셨습니다. 국왕인 제게도 말씀을 전해 주셨습니다. 저는 IYF와 맺은 인연을 항상 소중하게 생각합니다. 현재 에스와티니에서는 음악 학교를 건축 중입니다. 왕실 가족 중 한 명도 음악 학교에서 공부하며 연주도 함께 하고 있습니다. IYF의 교육기관에서 더 많은 에스와티니 국민들이 교육을 받길 기대합니다. 이번 한국 방문에서 저는 IYF에 대해 더 많은 것을 배울 수 있었습니다. 더 많은 사람들이 IYF와 함께하며 배우길 바랍니다."

중아공 노래로 대통령을 환영하는 행사 | IYF센터 대학생들과 반갑게 인사하는 대통령

중앙아프리카공화국, 포스탱 아르샹주 투아데라 대통령

"작년에 박옥수 목사님을 중아공에 초대했고, IYF가 중아공에서 크고 중요한 활동을 하고 있습니다. 특히 마인드교육은 중아공 국민에게 아주 중요한 교육입니다. 현재 중아공에서는 공무원을 대상으로 마인드교육이 활발히 진행되고 있는데, 앞으로 나올 결과에 기대가 됩니다. 이곳에 도착했을 때 우리나라의 상고어로 노래를 불러준 대학생들이 있었습니다. 마치 중아공의 수도 방기에 온 느낌이었습니다. 그 노래가 내 마음에 크게 와 닿았습니다. 학생들에게도 고맙다는 말을 전하고 싶습니다. 다시 한 번 감사하고, 다음에 또 뵙길 바랍니다."

박옥수 목사와 함께 IYF센터로 들어오는 대통령 | 축하 행사를 마친 뒤 촬영

토고, 포르 냐싱베 대통령

"지구에서 가장 젊은 대륙이 아프리카입니다. 젊음이란 인생의 특권이 아니라 누구나 겪는 당연한 과정이라고 생각합니다. 그 시기에 교육을 잘 받은 젊은이들은 사고가 건전하고 미래도 더 밝습니다. 서부아프리카에 위치한 우리나라에는 테러가 흔합니다. 더 놀라운 것은 테러리스트 대부분이 청소년이라는 사실입니다. 만약에 이들이 좋은 교육을 제대로 받는다면 테러 단체에 가입하지 않을 겁니다. 박 목사님이 한국의 마인드 교수들을 토고로 보내주면 제가 계속 돕겠습니다."

케냐, 윌리엄 루토 대통령

마인드교육을 바탕으로 케냐 청소년들을 교육할 것과 양국 학생들의 교류에 뜻을 모았다.

가나, 나나 아쿠포아도 대통령

대통령은 정부 차원에서 마인드교육에 필요한 일을 지원하고 협력하겠다고 했다.

라이베리아, 조셉 보아카이 대통령

대통령은 자국 청소년들이 소망을 갖도록 마인드교육을 속히 진행해 달라고 부탁했다.

우간다, 제시카 알루포 부통령

부통령은 마인드교육을 받아야 할 학생들이 많다며, IYF와 돈독한 관계가 계속되길 원했다.

그를 만나 새 삶으로

청소년 시기를 깊은 어둠 속에서 방황한 이한솔. 꿈도 희망도 없는 하루하루의 반복이었다고 그는 고백한다. 탈출구를 찾던 그가 박옥수 목사가 내미는 따뜻한 손을 잡고 일어섰고, 새로운 길을 걷기 시작했다. 대지진으로 모든 것이 무너진 아이티로 가서 꿈도, 삶의 터도 잃은 사람들에게 사랑과 소망의 씨앗을 심었다.

나도 누군가에게 박옥수 목사와 같은 사람이고 싶다
_이한솔(한국, 선교사)

나는 중학생 때부터 술과 담배와 게임에 빠져 지내 반 친구들이 나를 폐인이라고 불렀다. 나에게는 내일이 없었다. 누군가 그렇게 살아서는 안 된다고 이야기하면, "곧 자살할 거니까 신경 끄세요."라고 하며 날선 말들을 쏟아냈다. 나는 위태롭고 난폭했다. 내일이 없으니 두려운 게 없었다. 누구도 나에게서 희망을 찾지 못했다.

스무 살 무렵, 박옥수 목사님과의 만남은 보통 만남과 많이 달랐다. 나는 예의상 조심스럽게 대했지만, 목사님은 마음으로 나를 따뜻하게 대하셨다. 그 후로도 목사님을 만날 때마다 따뜻함을 느꼈고, 형편없는 나를 그렇게 대해주시는 목사님이 고마웠다.

박옥수 목사님의 손을 잡고 일어서고 싶었다. 그분을 따르고 싶

었다. 그래서 그분이 말하는 대로 길을 선택했다. 하지만 나는 누구보다도 모자라 늘 넘어졌다. 더 이상 갈 수 없을 것 같아서 목사님을 찾아가면, 목사님은 전혀 다른 이야기를 해주셨다. 어느 날 나는 그분이 하는 이야기를 마음으로 알아들을 수 있었다. 모자라고 잘못된 부분을 고쳐야 하는 것이 아니라, 밝고 감사한 일들을 마음에 품고 살아가는 것이었다.

삶의 태도를 바꾸자 내 삶이 완전히 달라졌다. 늘 힘들고 실망스러웠는데, 아무것도 문제가 되지 않았다. 전에 늘 품고 살았던 마음과 전혀 다른 마음이 생겼다. 거칠고 어둡던 마음이 편안하고 따뜻해졌다. 나도 박옥수 목사님처럼 살고 싶었다. 그분이 나에게 하셨던 것처럼 나도 누군가에게 그렇게 하고 싶었다. 그 마음에 이끌려 나는 2012년에 아내와 함께 아이티로 떠났다. 아이티에서 우리 부부는 정말 많은 일을 겪었다. 결코 잊을 수 없는 행복한 순간들이었다. 그 가운데 오까이에 대안 학교를 세우고 아이들과 함께 지냈던 이야기를 조금 소개한다.

한 어머니가 딸을 데리고 찾아왔다. 남편과 사별하고 하나뿐인 딸에게 마음을 쏟으며 사는데 아이가 많이 방황한다고 했다. 그분은 병원의 수간호사로, 병원이 집에서 멀어 일주일에 4일은 집에 없었다. 늘 집에 홀로 남겨져 있던 아이는 어느 날부터 간질을 하고 우울증을 앓기 시작했고, 두 번이나 칼로 손목을 그은 채 발견되었다. 축 늘어진 딸을 본 엄마의 마음은 속절없이 무너져내렸다. 아이를 위해 고단한 일을 견뎌내고 있었지만, 그날 이후 자신의 삶마저 무너져내릴 것 같아 두려웠다. 그렇게 지내다가 우리를 알게 되었고, 어머니는 미안한 마음으로 딸을 부탁했다.

간질은 수시로 돌봐야 하고 우울증은 이미 오래되었으니, 망설이지 않았다면 거짓말일 것이다. 나는 고개를 돌려 아이를 바라보았다. 사춘기인 녀석은 큰 잘못이라도 한 것마냥 한쪽에서 고개를 푹 숙인 채 말이 없었다. 문득 내 지난날이 떠올랐다. 그러고 보니, 나에게도 그런 시절이 있지 않았던가. 거칠고 거친 파도 같아서 모두 나를 피하고 등을 돌리던 순간이. 닥치는 대로 모든 것을 휩쓸었던 순간이. 나도 모르게 자매님에게 아무 걱정 말라고 이야기했다. 이 아이는 아주 좋은 아이로 자랄 테니 걱정 말고 보내시라고 했다.

우리와 같이 살면서도 말이 없던 녀석은 어느 날 간질로 쓰러졌다. 아내는 간호사인 아이 엄마와 통화하며 밤새 아이를 간호했고, 다행히 녀석은 다음 날 조금씩 기운을 차렸다. 엄마가 아닌 다른 사람의 간호를 받는 것이 익숙하지 않았던지, 녀석은 갑자기 서럽게 울기 시작했다. 그리고 처음으로 힘겹게, 누구에게도 털어놓지 못한 자신의 이야기를 꺼냈다.

엄마가 집에 없다 보니 혼자 있는 날이 많았는데, 어느 날 찾아온 친척에게 성폭행을 당했다고 했다. 수치스럽고 무서웠지만 아직 어렸던 아이는 누구에게도 그 이야기를 할 수 없었다. 무엇보다 자기만 바라보고 있는 엄마가 무너질 걸 생각하니, 힘겹게 그날의 일을 가슴에 묻기로 했다.

문제는 그때부터 시작되었다. 엄마가 없는 날은 몸서리치게 불안했고, 혼자 방문을 걸어 잠근 채 방안에서 숨죽여 우는 날이 많아졌다. 우울증이 찾아왔다. '그냥 나 하나만 사라지면 모든 괴로움이 끝날 거야'라고 생각한 아이는 칼로 손목을 그었다. 때마침 도착한 엄마가 아니었다면 목숨을 잃었을 테지만, 슬퍼하는 엄마를 보면서도 아이는 그 이야기를 할 수 없었다.

자신의 이야기를 힘겹게 꺼내놓은 그날, 녀석은 그리스도의 사랑에 안겼다. 녀석은 금세 웃음을 되찾았다. 재잘재잘 말이 얼마나 많던지, 그동안 꼭꼭 감춰두었던 보물을 풀어놓기라도 한 듯 녀석의 변화는 우리에게 큰 기쁨을 가져다주었다. 몰라보게 달라진 딸을 만난 엄마는 내 아내의 손을 잡고 고맙다며 연신 눈물을 훔쳤다.

그날부터 우리 집에 문제가 있는 아이들이 앞다투어 찾아오기 시작했다. 어느새 집에는 20여 명의 아이들로 북적였다. 하나같이 상처를 가진 아이들이었지만, 나는 그 아이들이 10년 후나 20년 후에 자신처럼 상처 가득한 아이들을 위로하고 그들에게 희망을 줄 것 같았다. 사람들은 모두 나에게 "무엇 때문에 문제아들을 받아서 사서 고생을 하세요?"라고 물었지만, 나는 그 아이들이 문제아로 보이지 않았다.

자신들의 요구를 들어주지 않는다며 대통령 퇴진을 외치는 갱단의 폭동이 일어나고, 도로가 봉쇄되어 우리가 지내던 도시 오까이가 고립되었다. 사람들은 우리 가족이 안전한 수도나 인근 국가로 대피해야 한다고 이야기했지만 우리는 그럴 수 없었다. 우리 부부를 부모처럼 따르는 아이들을 두고 우리만 갈 수 없었다. 그 아이들에게 우리가 마지막 피난처이자 울타리임을 나는 잘 알고 있었다. 사람들이 다 외면하는 그 아이들에게서 나는 나의 과거를 보았다. 세상에 덩그러니 홀로 남겨진 것 같았던 쓸쓸함이, 이제 어디로 가야 할지 몰라 흘리던 눈물이, '에라, 모르겠다. 될 대로 되라!' 하고 비틀거리며 내달렸던 나의 지난 날들이 보였다. 나마저도 아이들에게 등을 보일 순 없었다.

수개월 동안 학교에 가지 못하는 이이들을 보면 마음이 아팠다. 우리와 함께 지내는 아이들뿐 아니라, 학교에 가지 못하는 많은 아이들이 우리 센터에 찾아오는 일이 잦아졌다. 학교였다. 리코더를 가르쳐 주면 밤새도록 리코더를 불고, 태권도를 가르쳐 주면 하루 종일 발차기만 하는 순수한 아이들을 보며, 학교를 시작해야겠다는 마음이 들었다. 관공서가 일하지 않으니 당장 인가를 받는 것은 기대하기 어려웠다. 교사는? 교실은? 책과 책상은? 식사는? 비용은? 못 한다고 할 이유는 많았지만 해야 할 이유는 분명했다. 아이들을 더이상 내버려둘 수 없었다.

우리는 드림대안학교를 설립했다. 차들이 다니지 않는 도로를 한참 걸어서 땀을 뻘뻘 흘리며 대문으로 들어서는 아이들이 얼마나 사랑스럽고 소망스럽던지. 아이들이 마인드 강연을 들으며 마음이 달라지는 것을 피부로 느낄 수 있었다. 도시는 여전히 어두웠지만 우리 마음은 새로운 꿈으로 넘쳐났다. 훗날 아이티를 변화시킬 드림대안학교라니, 가슴이 터질 것 같았다.

우리는 아이들과 함께 '희망 콘서트'를 개최하기로 했다. 우리 아이들은 대부분 정규 교육을 받지 못해 음악을 제대로 배운 아이가 없

꿈을 잃은 아이티 아이들에게 꿈을 심어주는 드림대안학교의 교사들과 학생들

었다. 그런데 때마침 한국에서 아이티로 1년간 해외 봉사를 온 오다혜 학생이 음악을 전공해, 아이들을 가르칠 수 있었다. 아이들은 음악을 좋아했고, 콘서트를 한다고 잔뜩 기대했다. 매일 열심히 준비했다. 아무리 피아노 소리를 들어도 피아노와 아이들의 목소리가 따로 놀았지만, 그래도 아이들은 밤새도록 노래를 흥얼거릴 정도로 열정적으로 연습했다.

어느 날 오후, 웬 남자가 불쑥 찾아왔다. 그는 "요즘 도시가 흉흉하다 보니 음악 소리를 듣기 힘든데, 지나가다가 건물 안에서 음악 소리가 들려 '이곳이 뭐 하는 곳인가?' 하고 들어왔습니다."라고 했다. 그는 자신을 '오까이 시립합창단'의 단장이라고 소개하며, 우리가 희망 콘서트를 준비하고 있다고 하자 돕고 싶다고 했다.

그날부터 그는 매일 와서 아이들을 가르쳤다. 하루는 그가 어두

학생들은 드림대안학교에 오는 것을 정말 좋아했다.

운 표정으로 찾아왔다. 아이들이 기초가 워낙 부족해 콘서트를 개최하는 것은 무리라고 했다. 내가 "아이들이 한 달 넘게 저렇게 좋아하면서 연습하고 있는데 갑자기 못 한다고 하면 아이들이 크게 실망할 것 같으니, 시립합창단과 우리 아이들이 합동으로 콘서트를 하면 어떻겠습니까?"라고 물었다. 그는 그러면 되겠다면서, 합창단의 파트별 핵심 멤버와 악기를 다룰 수 있는 사람들을 데려왔다. 그날부터 합창단 멤버들이 선창하면 우리 아이들이 따라 부르는 식으로 연습을 진행했고, 노래 수준이 완전히 달라졌다.

오까이에는 공연장으로 쓸 만한 극장이나 홀이 없다. 아이티 사람들에게 공연을 관람하는 것은 사치일지도 모른다. 우리는 교회 앞에 있는 넓은 들판을 무대로 꾸미기로 했다. 소나 염소가 풀을 뜯고 낮에는 아이들이 축구도 하는 곳으로, 땅 주인에게 부탁해서 형제들과 함께 바닥을 정리했다. 이어 나무를 빌려서 무대를 만들고, 의자를 빌려 좌석을 만들었다. 색종이와 색지로 무대를 꾸미고 나자, 한 형제가 어디에서 방송장비까지 빌려왔다. 그렇게 해서 오까이 사람들이 한 번도 본 적이 없는, 세상에서 제일 멋진 야외 공연장이 완성되었다.

콘서트에 참석하는 사람들에게 따뜻한 식사를 대접하기 위해 돼지도 한 마리 잡았다. 드디어 희망 콘서트가 열리는 날, 준비한 자리가 모자랄 만큼 많은 사람들이 참석했다. 청중들은 아이들의 변화된 이야기를 들으며 박수를 치고 같이 울고 웃으면서 기뻐했고, 합창이 시작되자 모두 노래에 젖어들어 감격스러워했다.

콘서트가 끝났지만 사람들은 한동안 자리를 뜨지 않았다. 마치

교회 앞에 있는 넓은 들판을 희망 콘서트 무대로 꾸몄다.

마을 사람들이 자리를 가득 채워 행복한 시간을 보냈다.

오랜만에 달빛을 발견하기라도 한 듯, 그 자리에 오래 남아 재잘재잘 이야기를 나누었다.

"최근에 사람들이 이렇게 많이 모인 것을 본 적이 없는데, 여기 와서 사랑과 위로를 깊이 느꼈어요."

사람들이 아이티를 '중남미의 검은 땅'이라고 하지만, 우리에게 아이티는 소망의 땅이다. 우리는 꼭 사람들의 마음에 소망의 씨앗을 심는 것 같았다. 콘서트 중간에 소가 객석으로 난입해 사람들이 도망가는 해프닝도 있었지만, 그 어떤 것도 우리 마음에서 소망과 기쁨을 빼앗을 수 없었다.

Part II

박옥수 목사의 활동

박옥수 목사는 대화하기를 좋아한다.
문제가 있거나 어려움을 겪고 있는 사람들과
이야기하는 것을 더 좋아한다.
마음을 열고 이야기하다 보면
그 안에 새 마음이 형성되고, 그러면 누구보다도
밝고 따뜻한 사람으로 변하기 때문이다.

Chapter 03

마인드교육 현장들

Chapter 03

1. 사람들의 무너진 삶을 일으키다

잘못된 선택이나 좋지 않은 환경 등으로 인해 어둡게 살던 사람들이 마인드교육을 받고 새 힘을 얻어 밝고 행복하게 사는 모습을 세계 어느 곳에서나 볼 수 있다. 그 가운데 필리핀의 마약 자수자들, 북미 대륙의 인디언들, 교도소의 재소자들을 소개한다.

마약 자수자 교육_필리핀

필리핀 정부는 국민의 삶에 큰 문제를 일으키고 있는 마약 문제로 고심했다. 그 문제를 해결하기 위해 마약 복용자들이 자수하면 재활 프로그램을 지원하기로 약속했고, 그 후 전국에서 100만 명이 넘는 마약 사용자들이 자수했다. 하지만 그들을 마약에서 벗어나게 해주기는 쉽지 않았다.

2018년 4월, 타굼 시에서 청소년들의 축제 월드캠프가 열렸다. 타굼 시의 알란 렐런Allan L. Rellon 시장은 캠프에 참석한 수많은 청소년들이 밝게 변하는 모습을 직접 확인한 뒤, 박옥수 목사가 하는 마인드교육을 마약 자수자들에게 실시하면 그들 또한 변할 것이라고 확신했다. 타굼에서 자수한 마약 유경험자는 4천 명이 넘었다. 이 일을

마약 자수자 교육을 담당한 교정청 공무원들에게 강연하고 있는 박옥수 목사

위해 타굼 시는 IYF와 MOU를 체결하고, '마인드교육'을 타굼 시 마약 자수자 재활교육으로 정식 채택했다. 그 후 알란 시장의 전폭적인 지원 아래 마약 자수자들을 위한 마인드교육 프로그램이 활발히 진행되고 있다.

"타굼 교도소의 재소자들은 대부분 마약과 관련되어 형을 살고 있습니다. 그들에게 마인드교육이 큰 도움이 된다고 확신합니다. 이 교육은 재소자들을 변화시킬 뿐 아니라 우리에게도 변화를 가져다줍니다."(레이날도 푸통, 타굼 교도소 감독관)

타굼에서 시작한 마약 자수자 마인드교육의 실제적 효과가 확인되자, 다른 도시에서도 마인드교육을 시행해 달라고 요청했다.

"우리 시에는 1천 명이 넘는 마약 자수자가 있습니다. 개중에는 13살 아이도 있습니다. 얼마 전 가진 청소년 캠프에 우리 도시에서 200명의 학생을 보냈는데 그들이 밝게 변하는 것을 보았습니다. 이 교육으로 우리 시에서도 마약 문제를 해결하고 싶습니다."(로도라 알코란, 뉴코렐라 시장)

마약 사범들을 대상으로 실시한 교도소에서의 마인드교육(7주간)에 재소자들과 교도소 관련자들의 반응이 좋아, 2018년도 후반기에는 23개 바랑가이에서 마약 자수자 마인드교육을 실시하기로 MOU를 체결했다.

마인드교육을 요청하는 곳이 많아지면서 교육을 담당할 강사들이 부족해, 경찰대학 학장인 데 레온 장군과 강사 양성에 뜻을 모으고 MOU를 체결했다. 바로 2018년 후반기부터 경찰대학 학생 50명을 한 그룹으로 하여, 일곱 개 그룹 350명을 강사로 양성하는 교육을 실시했다.

2018년 9월에 시작된 마약 자수자들에 대한 1기 8회 교육이 끝나고, 2019년 1월부터 2기 교육을 시작했다.

"저는 장례식장에서 장례를 주관하는 일을 합니다. 밤새 일해야 해서 힘들었습니다. 아들이 힘나는 약이라고 마약을 주어 힘들 때마다 찾았습니다. 그렇게 살다가 마약 자수자 교육에 참가하면서 마음에 변화가 생겼습니다. 마약을 안 해야 하는 것이 아니라, 마음이 변해야 하는 것을 알았습니다. 마인드교육을 받으면서 제 마음이 밝아지자 마약에서 멀어졌습니다. 아들에게도 권해 같이 교육을 받고 있습니다."(닉. 타쿰 시)

현재까지 타쿰 시에서 약 2,000명이 마인드교육을 받았고, 전국적으로는 10,000명의 자수자들이 교육을 받았다.

인디언을 위한 캠프_북미 지역

2011년 미국 뉴욕에서 열린 월드캠프에 43명의 캐나다 원주민 학생들이 참석해 박옥수 목사와 처음 만났다. 그들은 자리에 바르게 앉아서 강연을 듣는 것도 힘들어할 만큼 삶의 자세가 엉망이었다. 미국과 캐나다의 옛 원주민들은 자연과 더불어 건강하게 살던 사람들이었지만, 현재 캐나다의 원주민들은 대부분 보호 구역에서 정부에서 주는 보조금으로 근근이 살아가고 있다. 박옥수 목사는 무기력하게 사는 원주민 청소년들을 가르쳐 그들에게 꿈과 새로운 삶을 찾아주고 싶었다. 그래서 박 목사는 자신의 뜻에 공감하는 IYF 캠프 팀을 원주민 마을에 보내 청소년 캠프를 열게 하였다.

2015년, IYF 캠프 팀은 아주 느린 기차를 타고만 마을로 들어갈 수 있는 캐나다의 작은 인디언 마을 '푸카타와간'으로 향했다. 그곳 사람들은 대부분 정부에서 받은 보조금으로 술, 마약, 게임에 빠져 살고 있었다. 푸카타와간에서 학교 건물을 빌려 숙식하며 학생들을 위해 캠프를 가졌다. 청소년 캠프를 처음 접한 인디언 아이들이 처음에는 어색하게 임했지만, 조금씩 마음을 열고 점점 활동적으로 변해 갔다. 다음 마을은 '크로스 레이크'로 첫 번째 마을과 달리 자유롭게 드나들 수 있는 곳이었다. 부모들이 많은 관심을 가지고 아이들을 데려와 캠프 첫날 300명이 넘는 아이들이 몰려왔다. 아이들이 캠프에 적극적으로 함께해 시간을 알차게 보낼 수 있었다.

얼마 뒤, 캠프 팀은 다시 '스필릿 레이크Split lake' 마을을 찾아가 학교 교실과 체육관에서 학생들을 위한 캠프를 열었다. 교실은 제대로 된 손잡이가 없고, 시설은 좋지만 먼지가 앉아 있고 정상적으로 작동되지 않는 것이 많았다. 집들의 유리창은 대부분 깨져서 합판으로 막았고, 거리에는 버려진 차들이 여기저기 있었다. 사람들은 정부 보조금으로 마리화나를 사서 피우거나 술을 마시고, 도박을 하며 지내고 있었다. 무엇이 부족해서가 아니라 마인드에 문제가 있어서 어렵게 살고 있었다.

캠프 첫날 150명이 참석했다. 무엇을 물으면 대답하는 학생도 없고, 댄스를 가르치면 따라하는 학생도 없었다. 그런데 마음으로 따뜻하게 대해주자 학생들이 하나하나 마음을 열기 시작했다. 나중에는

인디언들을 위한 캠프에서 마인드 강연을 하고 있는 IYF 캠프 팀

헤어지는 것을 아쉬워하며 다시 와달라고 했다. 한 학생은 캠프 팀과 함께 가겠다고 짐을 싸서 오기도 했지만, 함께 갈 수 없다는 설명을 듣고는 실망하기도 했다.

2018년에는 4천 명이 사는 마을 '크로스 레이크'에서 마인드교육 강사를 보내 달라고 요청해 왔다. 크로스 레이크 고등학교에서 최고 학년인 12학년 100명과 교사들이 참석한 가운데 마인드 강연을 시작했다. 좋은 마인드를 가지면 위대한 사람이 될 수 있다는 메시지에 학생들의 눈빛이 빛났다. 강연을 마치고 가진 질의응답 시간에 여러 학생이 질문했다.

"강사님은 이 먼 곳까지 왜 오셨습니까?"

"저도 소망 없이 살던 시절이 있었습니다. 어느 날 이런 강연을 듣고 배우면서 제 삶이 변화되어, 지금은 세계 여러 나라를 찾아가며 청소년들을 위해 일하고 있습니다. 캐나다에 있는 많은 원주민 학생들이 소망을 찾지 못하고 있다는 이야기를 듣고 이 강연을 꼭 해주고 싶어서 이곳에 왔습니다."

강연이 끝나자, 학생들이 다 한 줄로 서서 강사에게 감사와 존경의 마음을 표하면서 악수하고 체육관을 빠져나갔다. 함께 참석한 교육감은 놀라움을 금치 못했다. 그곳 학생들이 계속 질문하는 모습도, 줄지어 서서 누군가에게 존경하는 마음을 표현하는 것도 처음 보는 모습이었기 때문이다. 직원들도 "우리 선조가 가지고 있던 강한 정신을 우리는 다 잃었습니다. 지금 우리에게는 이 마인드교육이 필요합니다." 하며 강사에게 존경의 마음을 표했다.

이어 '넬슨 하우스' 고등학교에서 마인드 강연이 있었다. 강연 전에 교장 선생님이 말했다.

"며칠 전에 두 학생이 자살했습니다. 학교에 현재 80명이 등교하는데, 입학한 학생의 반도 되지 않습니다. 이 학생들도 점점 줄어들어 졸업할 때에는 10~15%의 학생만 졸업합니다. 학교에 오지 않는 학생들은 집에서 무의미하게 하루를 보냅니다."

40명의 학생이 마인드 강연을 듣기 위해 참석했다.

"학교를 다니고 시험을 보는 것이 부담스럽지만 넘어야 합니다. 피하다 보면 마음이 계속 약해집니다. 작은 것부터 도전하는 삶을 시작해 보세요."

강연을 마친 뒤 강사가 학교 관계자들에게 이야기했다.

"최근에 두 명이 자살했다는 이야기를 들었습니다. '우리가 조금만 일찍 와서 그들을 만났다면 자살을 막을 수 있었을 텐데…'라고 생각하니 너무 늦게 왔다는 마음이 들었습니다. 하지만 지금부터 여러

분과 힘을 합쳐 마을을 바꿀 수 있다는 소망이 있습니다. IYF 프로그램은 학생들을 강하게 훈련합니다. 하기 싫은 것도 하게 하고, 하고 싶은 것도 절제하게 합니다. 처음에는 부딪힘이 많지만 그걸 견딘 학생들은 주변 학생들을 바꾸고, 주변 사람들을 변화시키는 훌륭한 리더들로 자랍니다."

안타깝게도 코로나 팬데믹 동안, 원주민들의 삶이 더 고립되어 학생들의 자살률이 높아졌다. IYF는 부족 교육자들과 지속적으로 만나 학생들이 올바른 마인드로 활기차게 살 수 있도록 교육자 및 학생들을 위한 마인드교육과 유스캠프 유치를 위해 협의하고 있다. 2024년에는 미국 내에서 가장 규모가 큰 나바호 부족을 포함해 폰카, 카이오와, 오세이지, 블랙피트, 니스퀄리 부족에서 마인드 캠프를 진행하고, 캐나다 크리 부족에서도 캠프를 진행했다.

교도소 마인드교육_케냐 외

교도소에서 박옥수 목사의 저서를 읽고 삶이 완전히 달라진 김기성. 그는 출소한 뒤 박 목사에게 가르침을 받으며 교도소 재소자들을 위해 삶을 드리기로 마음먹었다. 이후 그는 한국뿐 아니라 세계 곳곳의 교도소에서 마인드교육을 하였고, 더 나아가 각국의 교정청과 협의해 교도소에서 마인드교육을 체계적으로 가르치기로 했다. 수감중인 재소자들에게 마인드교육 과정을 가르쳐 삶의 변화를 가져다주고, 그 가운데 우수한 사람을 강사로 선발해 그들이 다른 재소자들을 가르치도록 하기 위함이었다. 교육 과정을 마치면 교도소 내에서 졸업

식도 가졌다. 교도소 내 마인드교육은 주로 아프리카 국가들에서 진행되고 있으며, 지금까지 졸업자는 5천여 명에 이른다.

"나는 나를 과신하고 살았기 때문에 어떤 생각이 올라오면 그 생각을 행동으로 옮겼습니다. 자연히 욕구를 조절하지 못해 제멋대로 살았고, 결국 교도소에 들어와야 했습니다. 교도소에서 마인드교육을 배우면서 삶이 크게 변했습니다. 일어나는 생각대로 살면 인생의 패배자가 된다는 사실을 알았습니다. 승리자가 되려면 반격할 줄 알아야 했습니다. 내 속에서 올라오는 생각대로 끌려가는 것이 아니라, 반격하는 법을 배웠습니다. 감사하는 마음을 갖는 법도 배웠습니다. 무엇보다 내가 잘못될 수 있는 사람이라는 사실을 발견했습니다. 그렇기 때문에 다른 사람과 마음이 연결되어야 했습니다. 사람은 서로 마음이 흐를 때 즐겁고 행복하며, 어려움에 맞설 수 있는 도전정신

케냐 교도소에서의 마인드교육 과정 개설을 기념하는 행사

을 갖게 된다는 것도 알게 되었습니다. 나는 이전에 살았던 것과 전혀 다른 새로운 세계를 지금 살고 있습니다. 고통의 장소였던 교도소가 나에게 새 삶을 선물한 축복의 장소로 변했습니다."(오바도 모세, 교도소 졸업생)

*마인드교육 과정을 가르치고 있는 주요 교도소
  케냐 - 키텡겔라 교도소, 카미티 중범죄 교도소, 키수무 교도소,
          니예리 중범죄 장기수 교도소
  우간다 - 루지라 막션베이 교도소
  말라위 - 좀바 중앙 교도소
  부룬디 - 밈바 중앙 교도소
  짐바브웨 - 하라레 중앙 교도소
  볼리비아 - 라파스 산 페드로 교도소

부룬디 교도소에서도 마인드교육 과정 개설을 기념하는 행사가 열렸다

2. 깊은 마음의 상처를 치유하다

비극은 개개인에게도 찾아오지만 인종, 부족, 지역, 특정 종교 등에 속한 사람들에게 동시에 찾아오기도 한다. 후자의 경우 그 피해가 엄청나게 크며 인간성 훼손이 심각하다. 그로 인해 많은 사람이 생명을 잃고, 살아남은 사람들도 트라우마에 시달리며 살아야 한다. 마인드교육은 그들에게도 새 삶을 가져다준다.

제노사이드 피해자를 위한 마인드교육_르완다

같은 나라에서 이웃으로 함께 살던 두 부족의 갈등으로 큰 아픔을 겪은 르완다. 100만 명 이상이 죽임을 당한 일도 엄청난 비극이지만, 그 뒤로도 비극은 계속 이어졌다. 르완다 정부에서 아주 민감하게 생각하는 부분 가운데 하나가 제노사이드(인종 학살)의 생존자들이다. 가족이 죽는 광경을 지켜본 이들은 정상적인 생활이 불가능했으며, 남편을 잃은 수많은 여성들이 강간으로 원치 않는 임신을 했다. 나중에 아이를 출산한 뒤 '원수의 자식을 낳았다'는 생각에 사로잡혀 또 다른 괴로움을 겪어야 했다.

1995년 10월 30일, 폴 카가메Paul Kagame 대통령과 자넷 카가메Janet Kagame 영부인은 아베가 아가호조AVEGA-AGAHOZO라는 단체를 설립했다. '아베가'는 인종 학살로 인해 과부가 된 여성들을 위한 단체라는 뜻이고, '아가호조'는 눈물을 마르게 한다는 르완다 말이다. 아베가는 국제단체와 여러 국가로부터 도움을 받아 홀로 사는 여성들과 그 가족을 후원했지만, 그들은 후원을 발판 삼아 일어선 것이 아니라 그것을 의지한 채 주저앉고 말았다. 최근에는 가해자들이 복역을 마치고 출소하는 시점이 되면서 트라우마에 시달리는 사람들이 많아졌다.

아베가의 회장 무카바이레 발레리Mukabayire Valerie는 해결책을 찾기 위해 고심하다가 박옥수 목사가 시행하는 마인드교육을 접하고 큰 관심을 가졌다. 제노사이드 생존자가 마인드교육을 받고 삶이 완전히 달라진 것을 보고, 진정한 치유는 마음의 변화에서 시작된다는 사실을 발견했다. 그는 IYF 르완다 지부와 MOU를 체결하고, 회

원들이 마인드교육을 받을 수 있도록 힘쓰고 있다.

"1994년 대학살 때, 우리 가족은 나와 세 동생을 제외하고 모두 죽임을 당했습니다. 당시 우리는 가족이 비참하게 죽어가는 모습을 지켜봐야 했습니다.

마마 바네사(오른쪽 끝)

그 후로 숨어서 지내며, 정상적인 생활이 불가능했습니다. 대부분의 시간을 컴컴한 방에서 지내며 누구도 만나지 않았습니다.

가족이 죽임을 당하던 날 비가 많이 내렸는데, 그때처럼 비가 많이 오거나 비슷한 광경이 펼쳐지면 나도 모르게 소리를 지르며 발작 증세를 일으켰습니다. 많은 봉사자들이 찾아와 트라우마를 없애주려고 상담하고 노력했지만, 갑자기 공포가 밀려들면 발작과 함께 힘든 시간을 보내야 했습니다.

정부의 지원을 받아 겨우 살아가고 있던 중, 키갈리에서 열린 마인드 강연에 참석했습니다. 많은 생존자들이 함께 참석했습니다. 그동안 여러 모임에 참석했지만 바뀌는 것은 거의 없었기 때문에 큰 기대는 없었습니다. 그런데 그날 들은 이야기는 달랐습니다. 마음이 끌려 4일 간의 프로그램에 다 참석했습니다. 강연 후 이어진 토론 시간에도 동참해 사람들과 이야기를 주고받았습니다. 내가 달라지고 있다는 사실을 느낄 수 있었습니다.

그때부터 악몽을 꾸지 않았습니다. 신기한 변화였습니다. 사람들에게 '나는 이제 제노사이드의 기억에 매이지 않는다.'라고 하자 믿지 않았습니다. 이 분야의 전문가들이 내 상태를 직접 확인해 보고 싶어했습니다. 나는 대학살 박물관과 뼈들이 묻혀 있는 곳에 가도 발작 증세를 전혀 보이지 않았습니다. 이전의 고통을 진실로 이겨낸 것입니다.

사람들은 기적이라고 했습니다. 나는 내가 받은 마인드교육을 나와 같은 사람들에게 들려주어야겠다고 생각해, 전문적으로 교육을 받아 상담자가 되었습니다. 그리고 지금은 많은 사람을 고통 속에서 벗어나도록 돕는 일을 하고 있습니다."(마마 바네사)

반군 피해자와 관계자를 위한 마인드교육_콜롬비아

콜롬비아에서는 70년에 걸친 무장 반군의 활동으로 900만 명에 이르는 희생자 및 피해자가 발생했다. 2018년에 열린 콜롬비아 월드캠프에 참석한 마르도리Mardory 보고타 종교부 국장은 박옥수 목사와 면담을 가지며, 마인드교육과 문화 공연으로 반군 피해자와 가족들을 위로해 달라고 부탁했다.

아내와 함께 반군에게 사로잡힌 경험이 있는 국회의원 클라라 로하스Clara Rojas 역시 박옥수 목사의 마인드교육을 접한 뒤, 이 교육의 필요성을 절감하고 박 목사와 면담하며 교육을 요청했다. 이후 대통령 직속 기관인 '희생자 전담부'에서 마인드교육 강사를 초청하며 그를 '평화 교육 명예대사'로 임명했다. 2018년 3월에 반군 피해자 및 관계자들을 위한 첫 번째 마인드교육이 시행되었다.

2021년 4월에는 반군 피해자의 날에 마인드교육을 진행해 이틀 동안 1,500명이 참석했다.

"저는 이런 교육이 있기를 15년 동안 기다렸습니다. 이번에 그 꿈이 이루어졌고 정말 행복합니다. 마음을 다루는 이 교육으로 콜롬비아가 변할 것이라고 확신합니다."(마리아 엘로이데 에나오, 아프로 어린이 협회 문화부 관리)

"지금까지 많은 정책들이 있었지만 반군 피해자들을 실질적으로 돕지 못했습니다. 저도 아내와 함께 반군에게 납치당한 경험이 있고, 그 상처를 아직까지 극복하지 못했습니다. 그런데 마인드교육은 상처를 치유하는 데 큰 도움이 됩니다. 반군 피해자 단체들에게 마인드교육을 소개하고 함께 일하고 싶습니다."(마누엘 비테르보 팔추칸, AICO 원주민 권리 의원)

"이번에 다룬 모든 주제가 더없이 좋았습니다. 무엇보다 저에게 문제가 많았다는 사실을 알았습니다. 스스로 마음을 닫고 산 것이 제

마음에 상처를 계속 남아 있게 하고, 또 다른 상처를 만들었습니다. 이 강의를 계속 들으면서 문제들을 고쳐나가고 싶습니다."(장 카를로스 페로소, 참석자)

킬링필드의 땅에 시작된 마인드교육_캄보디아

킬링필드의 무자비한 학살이 자행되었지만, 가해자는 없고 피해자만 남은 캄보디아. 아픈 역사만큼 사람들은 마음에 깊은 상처를 가지고 있다. 박옥수 목사는 캄보디아에 IYF 지부를 설립해, 마인드교육으로 사람들의 마음에 감사와 기쁨을 심어서 마음에 뿌리내리고 있던 공포와 불신을 몰아내고 있다.

이에 정부에서도 IYF와 함께 일하려고 손을 맞잡고 있다. 먼저 캄보디아의 외무부와 교육부에서 IYF와 MOU를 체결했고, 2010년에 제1회 월드캠프를 개최했다. 2012년에는 벨티 그룹과 MOU

를 체결해 마인드교육을 본격적으로 시행했다. 2010년부터 해마다 개최되고 있는 월드캠프는 수많은 청소년들에게 밝은 삶을 선물하고 있다.

"지금 제 마음이 평안합니다. 앞으로도 평안하게 살 수 있는 길을 찾았다는 생각이 듭니다. 월드캠프는 우리에게 정말 중요합니다. 저는 이곳에서 배운 교육을 계속 받고 싶습니다."(오짠뜨리)

벨티 그룹은 교육에 관심이 많아 13개의 학교를 설립해 운영하고 있는 캄보디아의 대기업이다. 벨티 그룹 리채잉 회장은 교육을 위해 IYF의 활동도 적극 지원하고 나섰다. 그는 박옥수 목사를 캄보디아로 초청해 교사들이 먼저 마인드교육 강연을 듣게 했다.

"학생들을 바르게 가르치려면 선생님들이 먼저 이 강연을 들어야 합니다. 마음을 배울 수 있는 정말 소중한 시간입니다."(리채잉, 벨티 그룹 회장)

캄보디아도 경제가 점점 발전하면서 청소년 문제가 심각하게 드러나고 있다. 학생들을 어떻게 이끌어주어야 할지 몰라서 고민하던 교사들은 마인드교육에서 그 길을 찾아가고 있다.

피스 캠프_케냐

2007년부터 시작된 케냐 월드캠프. 10년째를 맞이한 2017년에는 특별히 '피스 캠프'라는 이름으로 열렸다. 그 시기에 정치적인 이유로 국민들 사이에서 강력한 폭력 사태가 발생하고, 2017년에는 대선 및 총선을 앞두고 있어서 폭력 사태에 대한 공포심이 폭넓게 확산되

어 있었기 때문이다. 외국인들은 대부분 활동을 자제했지만, 박옥수 목사는 청소년들의 마음에서 어두운 그림자를 몰아내고 밝고 행복한 시간을 선물하려고 주저 없이 케냐를 찾았다. 캠프 개막식 때 청소년들이 앞장서서 평화를 희망하는 '평화 선언식'을 가져 많은 언론과 국민들이 관심을 가졌고, 나이로비 주의 에반스 키데로 주지사도 평화를 염원하는 축사를 전했다.

"IYF 공연과 여러분의 모습이 너무나 아름답습니다. 이곳에서 진행되는 마인드교육을 통해 여러분 모두 미래의 일꾼으로 변화되길 바랍니다. 여러 차례 일어난 폭력 사태를 다시 겪지 않도록 관심을 기울여 주시고, 평화를 위해 투표해 좋은 지도자가 케냐를 새롭게 이끌어 가도록 함께해 주십시오. 제가 개인적으로 박옥수 목사님을 만났을 때 목사님은 마음에 힘이 솟아나는 말씀을 남기셨습니다. 이 메시지를 우리나라 청소년들에게 전하고 싶습니다. 케냐 사람은 친구처럼, 이웃처럼 살아야 하기 때문입니다. 정치나 다른 이유로 케냐의 평화가 영향을 받지 않았으면 좋겠습니다."(에반스 키데로, 나이로비 주지사)

우크라이나 난민을 위한 활동_독일

2022년 6월, 박옥수 목사는 남미 방문 일정을 마치고 독일로 향했다. 우크라이나 난민들을 위로하기 위해서였다. 그들을 만난 박옥수 목사는 이렇게 말을 꺼냈다.

 "여러분이 지금 겪고 있는 어려운 일들로 인해 많이 힘들겠지만, 이 어려움이 재앙으로만 끝나지 않습니다. 엄마가 해산할 때 힘들고 고통스러워도 아이를 낳고 나면 큰 기쁨을 얻듯이, 지금 우크라이나가 불행해 보이지만 이 모든 것이 좋은 터가 되어 축복으로 돌아올 것입니다." (박옥수 목사)

 러시아의 우크라이나 침공으로 발발한 전쟁을 피해 많은 우크라이나 국민들이 유럽의 여러 나라로 넘어왔다. 그 가운데 독일로 온 난

2022년 4월, 프랑크푸르트 My Zeil 쇼핑센터 앞 광장에서 우크라이나 난민 위로 공연을 했다.

민은 40만 명으로 추정된다. 박옥수 목사는 독일 IYF 지부에서도 난민들을 수용하도록 하고, 그들을 위해 할 수 있는 일들을 찾아서 하자고 했다. 이에 독일 IYF 지부는 우크라이나의 큰 명절인 정교회 부활절에 프랑크푸르트의 가장 유명한 쇼핑센터 앞 광장에서 난민들을 위한 위로 공연을 열었다.

인권 변호사로 일하다가 난민이 된 나탈리아, 교생으로 지내다 난민이 된 대학생 아냐 등이 대표로 난민들을 위로하며 격려하고, 자신들을 도와준 독일에 감사하다는 말을 전했다. 공연이 시작되어 밴드 팀 'Voice of Ukraine'이 부르는 우크라이나 노래가 광장에 울려퍼지자, 많은 우크라이나 사람들이 눈물을 흘렸다.

"남편은 우크라이나를 떠날 수 없어서 아이들만 데리고 왔습니다. 전쟁을 지켜보는 것이 너무도 우울하고 우리를 고통스럽게 만듭니다. 하루 빨리 전쟁이 끝나기를 간절히 바랍니다. 오늘 낯선 독일 땅에서 많은 우크라이나 사람들이 모여서 서로 격려하는 모습을 보며 눈물을 참을 수 없었습니다. 어릴 적 부르던 우크라이나의 노래와 춤을 보면서 너무 감동했습니다."(엘레나)

이어 박옥수 목사의 후원으로 우크라이나 청년들을 위한 '므리야 프로젝트'를 준비했다. 므리야Mriy는 꿈이라는 우크라이나 말로, 우크라이나가 보유했던 세계 최대 항공기의 이름이기도 했다. 러시아의 공격으로 비행기 므리야는 부서졌지만 우크라이나 청년들의 꿈은 부술 수 없다는 상징적 의미로 이름을 붙였다. 므리야 팀은 우크라이나의 가수들과 함께 유럽을 돌며 난민들을 위로하는 활동을 시작했다. 슈타트할레에서 가진 첫 번째 공연장에는 1,500여 명이 참석했다.

"전쟁으로 제 삶이 멈추었습니다. 대피소에서 막내를 출산하고 독일로 온 지 2달이 되어갑니다. 오늘 우크라이나로 다시 돌아간 것만 같았습니다. 이렇게 많은 우크라이나 사람들을 보고 함께할 수 있다는 사실이 행복했습니다. 우크라이나를 생각하면 늘 눈물이 났는데 오늘 마음에 힘을 얻었습니다. 이제 우리 마음에 소망을 품습니다." (올레나)

"독일 사람들이 친절히 대해 주고 좋은 환경에서 잘 지내고 있지만, 이곳은 제 집이 아닙니다. 떠나 보니 우크라이나가 가장 소중한 곳이라는 사실을 깨닫게 되었습니다. 오늘 고향을 느낄 수 있었습니다. 행사를 준비해주신 모든 분께 감사합니다. 밝은 에너지를 받을 수 있어 마음에 큰 위안이 되었고, 따뜻함을 얻어 가게 되어 기쁩니다."(카트야)

2023년 9월에는 괴팅겐과 프랑크푸르트, 그리고 리히텐슈타인의 바두츠에서 우크라이나 독립 기념 콘서트를 열었다. 프랑크푸르트 뢰머 광장에서 열린 콘서트에는 2천 명이 모여 공연과 메시지를 들으며 위로를 얻었다. 괴팅겐 중앙역 광장에서 가진 콘서트에는 500여 명이 함께했다. 참석자들은 고향에 있는 가족 모임 같은 느낌이 들었다며 감사한 마음을 표현하고, 한편으로는 헤어짐을 아쉬워했다. 바두츠 광장에서 가진 콘서트에는 200여 명이 함께했다.

"전쟁으로 제가 살던 도시는 폐허가 되었고, 남편은 전사했습니다. 이젠 노래가 제 인생입니다. 이 행사를 함께하면서 마음이 행복해졌습니다. 하나님이 내 마음의 눈물을 씻겨 주셨습니다."(나타냐, 초대 가수)

전쟁터에서의 위문 공연_우크라이나

우크라이나 IYF 지부에서는 2023년 크리스마스를 맞아 전쟁으로 고통받고 있는 국민들을 위로하기 위해, 성탄절의 의미와 가족의 사랑, 그리고 즐거움이 담긴 특별 공연을 준비해서 순회공연을 가졌다. 독일에서 우크라이나 난민들을 위해 활동하던 므리야 팀의 일부도 우크라이나로 돌아가 순회공연에 합류했다. 공연은 2023년 12월 3일부터 2024년 1월 7일까지 30개 도시에서 34회 진행되었다.

아직 전쟁 중이기에 많은 어려움이 예상되었지만 공연 팀은 긴 여정에 나섰다. 때로는 시민들을 위해 공연하고, 때로는 학생들을 위해 공연하기도 했다. 공연하다가 공습경보가 울리면 대피하기도 했지만, 많은 사람들이 공연을 보면서 마음에 따뜻한 위로를 받고 감사에 젖었다.

"믿을 수 없을 만큼 놀랍고 감동적인 공연이었습니다. 전쟁 이후 처음으로 많은 학생이 강당에 함께 모였습니다. 오늘은 우리에게 행운이었습니다. 학생들에게도 너무 감동적이었습니다."(라리사, 부차고등학교 교장)

"크게 기대하지 않았는데 정말 훌륭한 공연이었고, 장면들이 아름다웠습니다. 모두가 감동했습니다. 우리에게 너무 중요하고 꼭 필요한 공연이었습니다."(블라디미르, 코레스텐 시장)

3. 미래를 밝게 만들어 가다

청소년들이 마인드교육을 받고 다양한 활동을 자유롭게 지속할 수 있도록, 박옥수 목사는 여러 형태의 학교들과 청소년 센터 건립을 진행하고 있다. 세계 곳곳에서 운영되고 있는 학교들과 청소년 센터들 가운데 몇 곳을 소개한다.

링컨중·고등학교_한국

학생들을 올바르게 가르치기 위해 박옥수 목사가 설립한 링컨중·고등학교. 2012년에 개교한 이 학교에서는 모든 학생이 기숙사에서 생활하고, 정해진 시간 외에는 스마트폰을 사용하지 못하며, 컴퓨터 게임도 할 수 없다. 대신 열심히 공부하고 맑은 자연과 넓은 운동장에서 마음껏 뛰어놀 수 있다. 또한 늘 함께 생활하는 친구들과 교류하고 협력하는 법을 배운다. 마인드교육을 학과목으로 배우는 학생들은 인성이 바른 미래의 인재들로 자라고 있다.

마인드교육을 바탕으로 세워진 링컨중·고등학교와 학생들을 보기 위해 찾아온 세계 여러 나라의 인사들은 참 교육을 보았다고 입을 모으며, 자신들의 나라에도 같은 학교가 세워지길 꿈꾼다.

박옥수 목사와 링컨중·고등학교 학생들

"학교를 둘러보고 세계 최고의 학교가 실현되어 있다는 마음이 들었습니다. 이렇게 좋은 규모와 환경을 갖춘 학교를 방문할 수 있어서 행복합니다. 이곳에서 보고 느낀 점들을 우리나라 교육에도 적용할 수 있도록 최선을 다해 노력할 것입니다."(미브레테, 코소보 프리슈티나대학 총장)

"세계 곳곳의 많은 학교를 방문했지만 이곳 학생들처럼 마음이 밝은 학생들은 처음 만나보았습니다. 영국의 왕립학교보다 링컨중·고등학교가 훨씬 낫다는 마음이 듭니다."(음피와 들라미니, 에스와티니 국왕 비서실장)

"학교가 아주 멋있고 교육과정 구성이 좋았습니다. 특별히 지식교육과 함께 마인드교육을 배우는 학생들이 예의가 바른 것을 느꼈습니다. 첫 만남부터 모든 순간 우리를 향한 학생들의 밝고 따뜻한 태도

와 마음을 보았습니다. 우리나라에도 이런 학교가 있으면 좋겠습니다."(로데 카발퀸토 제네럴라오, 필리핀 USeP대학 총장)

"학생들의 마음에 있는 행복을 느낄 수 있었습니다. 이들이 세계를 발전시킬 미래의 지도자라는 것을 볼 수 있었습니다. 이 교육을 코트디부아르 교육의 롤모델로 삼고 싶습니다. 코트디부아르 학교 및 정부 기관에서 마인드교육을 시작하고 싶습니다."(조르비 발로, 코트디부아르 국가능력구축사무청SNRC 청장)

"학생들이 수업에 임하는 태도를 보고 깜짝 놀랐습니다. 모두 수업에 집중하고 적극적으로 참여하는데, 이런 태도는 마인드교육을 받았기에 가능하다고 생각합니다. 무엇이든 배우려 하고 담대하게 행동하는 자세를 우리 학생들도 배웠으면 좋겠습니다. 우리나라 교육에도 마인드교육을 도입하려고 합니다."(사무엘 구두, 케냐 롱고대학 총장)

"제가 이 학교에서 본 것은 정말 놀라웠습니다. 이곳 교육 수준은 훌륭하고 훌륭했습니다. 학생들이 자신들이 하는 일에 전념하는 것을 보았습니다. 과학 교실에서 만난 학생들, 영어 교실에서 만난 학생들, 그리고 춤추며 공연하는 학생들, 그들의 모습 하나하나가 놀라웠습니다. 제가 세계 여러 나라를 다녀보았는데 이 학교가 세계 최고의 학교일 것입니다. 이곳은 최고 중에 최고입니다. 주저함 없이 이야기할 수 있습니다."(페르난도 그리피스, 파라과이 교육부 차관)

"아주 놀라운 순간입니다. 벅찬 마음을 다 표현할 수 없습니다. 저도 평생 교육과 관련된 일을 해왔습니다. 학생들을 만날 때 항상 기쁩니다. 그런데 이곳에서 만난 학생들은 정말 훌륭합니다. 학생들의 모습에서, 행동에서 그것들이 나타납니다. 이곳이야말로 참 교육기관입니다. 이 모든 것의 바탕에 마인드교육이 있습니다. 저는 마인드교육이 정답이라고 확신합니다."(클로디아나 콜, 감비아 초등교육부 장관)

"학교 자체가 훌륭하고, 학생들이 대단해서 놀랐습니다. 이스라엘의 엄격한 종교인 학교보다 훨씬 정숙하고, 학생들은 어른을 존중할 줄 아는 눈빛을 가지고 있었습니다."(요나 메츠거, 이스라엘 전 수석 랍비)

학업을 중단한 청소년을 위한 대안학교_키리바시

키리바시 대안학교 교사와 학생들

인구가 약 11만 명인 남태평양의 아주 작은 섬나라 키리바시. 지구온난화로 해수면이 상승하면서 나라 전체가 바다에 조금씩 잠겨가고 있는 나라다. 나라 전체가 수몰 위기에 처해 있는 절망적인 상황 속에서 나라의 미래를 더욱 어둡게 만드는 것은 갈수록 심각해지는 청소년 문제다. 가정마다 여러 자녀의 교육비를 감당하기 힘든 데에다 교육 복지 정책도 미비해 학업을 포기하는 청소년이 매년 1천 명이 넘는다. 그들을 위한 교육 프로그램이 거의 없어 학업을 중단한 청소년들이 방황하면서 범죄에 빠지거나 원치 않는 임신을 하는 등의 경우가 늘고 있다.

이런 상황에서 키리바시 IYF 지부는 '청소년들이 행복으로 잠들고 소망으로 눈 뜨는 나라'를 만들겠다는 박옥수 목사의 비전을 실현하기 위해 2018년 4월에 작은 대안학교를 설립했다. 이 학교에서는 기본 과목으로 마인드교육, 키리바시어, 수학, 영어를 가르치고, 학생들의 적성에 맞추어 음악, 미술, 태권도, 댄스를 가르친다. 학생들은 학교에서 새로운 희망과 꿈을 찾고 행복을 발견해나가고 있다. 배우고 익힌 바를 발표하는 행사도 종종 가져 자신들의 변화된 삶을 학부모들과 시민들과 나눈다. 그 행사를 본 대통령을 비롯해 정부 인사와 시민들은 큰 감동을 받고 학생들을 격려하고 응원했으며, 개교 3년 만에 키리바시에서 '가장 작지만 가장 행복하고 유명한' 학교가 되었다.

"IYF 학교에서 배워 마음과 삶이 변화된 학생들의 이야기가 우리 청소년들이 무엇을 원하고 무엇을 필요로 하는지 보여준다는 생각이 들었습니다. 정부의 정책과 노력이 미치지 못하지만 청소년들을 위해 꼭 해야 할 일을 박옥수 목사님이 설립한 IYF가 해주고 있어서 깊이 감사합니다. 정부가 돕고 지원할 수 있는 일을 찾아서 힘을 보태고 싶습니다."(타네티 마마우, 대통령)

음악 학교_도미니카 외

박옥수 목사는 음악이 우리 마음에서 분노를 잠재우고, 원망과 미움을 평안과 기쁨으로 바꾸어준다고 믿는다. 그는 청소년들에게 마음을 변화시킬 수 있는 좋은 음악을 들려주고, 음악으로 가정과 나라를 따뜻하게 만들길 꿈꾸며 세계 곳곳에 음악 학교를 설립하고 있다. 현재 음악 학교는 한국을 비롯해 미국, 도미니카, 파라과이, 인도에서 정식 학교로 운영되고 있으며, 아르헨티나, 페루, 태국, 캄보디아, 우간다, 토고 등에서는 아카데미로 운영되고 있다. 그 가운데 두 학교를 소개한다.

도미니카 새소리음악학교

도미니카공화국 산티아고 시의 힐베르토 세루제 시장은 한국에서 해마다 열리는 월드캠프에 몇 차례 참석하며, '새소리음악중고등학교'를 견학했다. 힐베르토 시장은 산티아고에 음악 학교를 설립해 그곳 청소년들에 마인드교육과 음악을 배우는 기회를 주고 싶었다. 이에 박옥수 목사에게 음악 학교를 설립해 운영해 달라고 요청했고, 시에서 적극 협조해 2014년 10월에 학교가 설립되었다.

"저는 4년 전까지 도미니카에서 희망을 보지 못했습니다. 그런데 IYF를 만나고 희망을 찾았습니다. 그 희망이 이 음악 학교를 시작하게 했습니다. 이 발걸음이 도미니카를 변화시킬 것이라고 믿습니다."
(힐베르토 세루제, 산티아고 시장)

새소리음악학교는 2020년에 교육부의 인가를 받았으며, 현재 이곳에서 55명의 학생이 공부하고 있다.

파라과이 새소리음악학교

파라과이에서는 아주 작은 발걸음으로 음악 학교를 시작했다. 2017년에 시작한 음악 학교는 교실 하나, 학생 한 명이 전부였다. 청소년들을 위하려는 꿈이 있었기에, 어려운 상황 속에서도 좌절하지 않고 묵묵히 달려나갈 수 있었다. 그 후 학교는 점점 성장했고, 일반

각국의 음악 학교(시계 방향으로 말라위, 베냉, 도미니카, 키리바시, 잠비아, 에스와티니)

학교 인가를 받았다. 파라과이에는 음악 학교 개념이 아직 없기 때문이다. 파라과이 최초의 음악 학교로 인가받기 위해 길을 모색하고 있다. 현재는 6년 과정의 학교로, 30명의 학생이 공부하고 있다.

건축 학교_말라위 외

아프리카에서는 마인드교육으로 청소년들의 마음을 바로 잡아주는 한편, 그들에게 선진 건축 기술을 가르쳐 든든한 일자리도 만들어주려고 노력한다. 경제적으로 안정된 기반에서 삶을 살아갈 수 있도록 여러 나라에서 건축 학교를 설립, 운영하고 있다.

말라위 건축학교

2010년부터 시작해 'IYF 아카데미'라는 이름으로 주말에 운영하고 있다. 3개월 코스로 1년에 3번 신입생을 받는다. 매 학기 300~400명이 등록하고 있다. 건축사가 실무 교육을 강의하고, 이론과 실습으로 진행된다. 교육을 받는 학생이 연간 1,100~1,200명에 이른다.

잠비아 벧엘건축학교

2017년 10월, 잠비아에서 건축학교를 개교했다. 8월에 지원자를 모집했는데, 홍보 기간이 짧았지만 청소년부 장관과 정부 관계자들의 관심과 지원으로 90명이 지원해 36명을 선발했다. 건축 계획 및 디자인, 건축 구조, 건축 시공 및 관리, 마인드교육, ICT 과목을 배우며, 3학기 1년 과정으로 커리큘럼을 구성했다. 오전에는 강의를 듣고 오후에는 현장 실습을 병행하며, 과정을 수료하면 국가자격증을 취득할 수 있는 자격이 주어진다. 개교한 지 1년 만에 학교에 대한 평가가 아주 좋아, 2018년에 2기 학생을 모집할 때부터는 더 많은 사람들이 관심을 가지고 지원하고 있다.

에스와티니 벧엘건축학교

잠비아에서 건축학교가 좋은 결과를 얻고 있자, 주변국인 에스와티니의 IYF지부에서도 건축학교를 시작했다. 2019년에 1기 학생 30명이 입학했고, 2020년에 2기 학생 30명이 입학했다. 3개월 이론 수업과 3개월 실습으로 이루어진 6개월 과정의 커리큘럼으로, 졸업한 뒤 일정 기간 경력을 쌓으면 국가기술자격증 시험에 응시할 수 있다. 건축학교에서는 마인드교육과 한국의 선진 건축 기술을 가르처 좋은 인성에 훌륭한 기술을 가진 인재들을 양성하고 있다. 특별히 졸업생 중 우수 학생 8명을 선발, 한국에 보내 선진 건축 기술을 더 익히고 돌아올 수 있게 한다.

청소년 센터_잠비아 외

박옥수 목사가 실시하는 마인드교육과 IYF 아카데미 활동이 자국 청소년에게 꼭 필요하다고 판단한 나라들이 청소년 센터를 건립할 부지를 무상으로 제공하는 일이 이어지고 있다. 부지를 제공한 정부에서는 박옥수 목사가 크고 좋은 청소년 센터를 세워 그곳에서 자국 청소년들을 위한 활동이 활발히 펼쳐지길 기대하고 있다. 청소년 센터는 현재까지 베냉·말라위·에스와티니·코트디부아르·케냐·가나·태국·미얀마·캄보디아·파라과이·아르헨티나·미국 등에 건립되었으며, 잠비아·중아공·남아공·보츠와나·모잠비크·키리바시·레소토·멕시코 등에서는 건립을 추진하고 있다.

2015년에 잠비아의 빈센트 므왈레Vincent Mwale 청소년부 장관이 한국 월드캠프에 참석해 크게 감명을 받았다. 그는 귀국한 뒤 대통령에게 청소년들을 위해 IYF 청소년 센터를 건립해야 한다고 적극 건의했다. 이에 정부에서 IYF 잠비아 지부에 부지 5만 5천 평을 기증했으며, 2016년 3월에 대통령이 참석한 가운데 청소년 센터 건립 기공식을 가졌다.

"우리가 어떤 일이라도 돕겠습니다. 이곳에 청소년들을 위한 센터가 들어서고 체육 시설들이 마련될 것입니다. 이곳에서 마인드교육

각 나라에서 진행 중인 청소년 센터 기공식에 참석한
잠비아의 룽구 대통령(왼쪽)과 중아공의 투아데라 대통령(오른쪽)

을 비롯해 다양한 행사들이 펼쳐질 것입니다. 잠비아의 미래가 밝습니다."(룽구 대통령)

한편 중앙아프리카공화국의 아리스티드 르보아스Aristide Reboas 청소년부 장관과 시사 마갈레Syssa Magale 고등교육부 장관도 한국에서 열린 월드캠프와 청소년부 장관 포럼에 참석해 마인드교육을 통해 청소년들이 밝고 활기차게 변하는 모습을 보았다. 르보아스 청소년부 장관은 대통령에게 마인드교육을 도입해야 한다고 적극 건의했고, 대통령은 청소년 센터를 지을 부지 1만 2천 평을 IYF 지부에 무상으로 지원했다.

"마인드교육은 이미 그 효과가 입증된 교육입니다. 우리나라에 청소년 센터를 건립해 청소년들을 위해 마인드교육을 빠르게 추진해주길 바랍니다."(투아데라 대통령, 청소년 센터 기공식에서)

3. 마인드교육 현장들 105

마인드교육원_에티오피아

2024년 1월, 에티오피아 명문대 메켈레대학에서 IYF 마인드교육원 설립을 정식으로 허가했다. 박옥수 목사가 에티오피아를 방문했을 때, 메켈레대학의 파나 하고스 비르하네 총장은 박 목사를 만나 면담을 가지면서 이런 이야기를 했다.

"몇 년 전 우리나라에서 부족 간 내전이 일어났을 때, 외국의 기업들과 단체들이 다 메켈레 지역을 떠났습니다. 오직 IYF만 남아서 마인드교육을 하며 전쟁 난민들과 절망하는 청년들에게 힘을 주었습니다. 우리는 IYF 사람들이 우리를 진정으로 위하는 것을 보았습니다. IYF 사람들은 가르치는 것과 삶이 같습니다. 이 좋은 교육을 우리 대학 학생들에게 가르치기 위해, 메켈레대학 내에 마인드교육원 설립을 정식으로 허가했습니다. 500명을 수용할 수 있는 강당과 교수 사무실도 제공했습니다. 우리 대학은 언제나 목사님의 방문을 환영하며 기다립니다."

에티오피아 남부 지역의 뜰라훈 케베데 대통령도 박옥수 목사와 면담을 가지며 교육에 관한 이야기를 나누었다.

"박옥수 목사님의 청소년 교육 활동과 마인드교육을 오랫동안 눈여겨보면서, 이 교육이야말로 에티오피아의 미래를 바로 세울 수 있는 교육이라고 확신했습니다. 제가 미래의 주역들을 바르게 양성하기 위해 '아르바믄쯔 인재 학교'를 세웠습니다. 저는 이 학교가 마인드교육을 중심으로 운영되길 바랍니다. 그래서 학교의 교장을 IYF 사람으로 세워 주시길 부탁드립니다. 그분에게는 필요한 모든 것을 제공하겠습니다."

박옥수 목사는 인재 학교에 적합한 사람을 보내겠다고 약속하면서, 남부 에티오피아에서 청소년을 위한 활동들과 마인드교육이 더욱 활발하게 진행될 수 있도록 힘쓰겠다고 했다.

현재 에티오피아에서 IYF와 함께 일하길 바라는 정계와 교육계 인사들이 늘어나면서 마인드교육이 기존 교육 체계에 자리를 잡아가고 있다.

4. 종교와 종파를 넘어

치열한 전쟁과 크고 작은 지역 분쟁의 원인 가운데 하나가 종교적 갈등이다. 일찍이 세계 여러 나라의 종교 지도자들과 교류하고 동행해온 박옥수 목사는 종교 화합 활동으로 갈등을 완화시키고 세상을 평화롭게 만들어가는 일에 앞장서고 있다.

CLF(Christian Leaders Fellowship)

박옥수 목사는 Christian Leaders Fellowship(CLF)을 통해 기독교계를 이끌어가고 있다. CLF는 전 세계 기독교 목회자들이 성경 안에서 연합하고 참된 복음을 전파하기 위해 설립된, 세계적인 크리스천 리더들의 단체이다. 2017년 3월 뉴욕에서 설립된 후 7년 동안 약 130만 명이 CLF에 참석했으며, 이들이 경험한 영적 변화의 간증들이 기독교계를 새롭게 하고 있다.

"D. L. 무디가 핍박을 받아가면서 전했던, 예수 그리스도의 놀라운 피가 우리를 거룩하게 해놓은 놀라운 복음을 이 시대에 박옥수 목사님을 통해서 다시 들을 수 있었습니다. 내 생애 최고의 선물이었습니다."(로날드 하덴, 미국 에픽 바이블칼리지 학장)

한국에서 가진 목회자 월드 컨퍼런스

"박옥수 목사님의 삶은 인상적이었습니다. 그의 삶 전체가 저에게 가르침 같았습니다. 특히 성경적 가르침의 핵심인 죄 사함에 관한 말씀은 우리 우간다 성도들에게도 꼭 전하고 싶습니다."(조셉 세루와다, 우간다 BAF 목회자 연합회 총회장)

"나는 피지의 감리교 총재로, 박옥수 목사님을 만나서 예수님의 피가 우리를 거룩하게 해놓은 말씀을 들었습니다. 감리교를 시작한 요한 웨슬레가 깨달은 복음을 나도 깨닫게 되었습니다."(테비타 나완드라 바니바누아, 피지 감리교 총재)

2023년 미국 LA에서 600명의 목회자들이 모인 가운데 개최된 CLF 월드 컨퍼런스

각 대륙에서 개최되는 목회자 포럼(유럽, 아프리카, 오세아니아, 아시아)

미국 채플린 연합의 영웅 추대

박옥수 목사와 안드레스 모라 박사 부부

군대나 경찰서나 교도소 등에서 사역하는 목회자를 채플린이라고 부른다. 미국 채플린 협회의 회장인 안드레스 모라 박사는 박옥수 목사를 채플린 영웅으로 추대했다.

"박 목사님, 당신이 진정한 채플린입니다. 기쁜소식선교회 사역자들을 가르치시듯이 미국 전역의 채플린 교육을 담당해주십시오!" 미국 채플린연합 회장 안드레스 모라 박사가 미국을 방문한 박 목사를 만나 미주 전역의 채플린 교육을 맡아달라고 부탁했다. 또한 군 복무 시절에 군인들에게 복음을 전한 박옥수 목사에게 존경을 표하며, 진정한 채플린의 본보기를 보여준 박옥수 목사에게 미국 채플린 연합의 영웅으로 추대하는 뱃지와 상장을 수여했다. 더하여, 앞으로 있을 수천 명의 경찰들을 대상으로 한 채플린 수업 때 온라인으로 수업해줄 것도 요청했다.

"오늘 목사님께 드린 상장은 First Responder Chaplin의 상징입니다. 목사님은 이를 최초로 받으신 한국인입니다. 목사님과 면담하며 영혼을 살리는 아주 중요한 말씀을 들었습니다. 목사님이 하시는 사역과 마인드교육은 이 시대에 아주 중요하고 필요한 일입니다."(안드레스 모라, 미국 채플린연합 회장)

이스라엘 예루살렘에서

2022년 10월, 박옥수 목사는 이스라엘의 전 수석 랍비 요나 메츠거(Yona Metzger)의 초청으로 그라시아스합창단과 함께 이스라엘을 방문해 텔아비브와 예루살렘에서 피스 콘서트를 갖고 3천 명의 참석자들에게 평화의 메시지를 전했다.

"두 달 전에 한국을 방문해서 박옥수 목사님이라는 진정한 친구를 찾았습니다. 자카 단체는 테러로 인한 피해자들과 다친 사람들을 구조하고 치료하며 도와주는 일을 합니다. 자카는 이 세상에서 테러가 일어나지 않고 모든 사람이 평화롭게 살기를 원합니다. 박옥수 목

이스라엘의 예루살렘 ICC에서 평화의 메시지를 전하는 박옥수 목사

사님이 전하시는 평화, 화합, 사랑의 메시지, 이것이 자카가 추구하는 방향입니다. 이번에 가진 피스 콘서트를 통해서 이 자리에 함께하신 여러분을 비롯해 전 세계에 평화가 확산되기를 바랍니다."(Morgenstern, 자카ZAKA 협회 회장)

자카협회에서 박옥수 목사에게 감사패 수여

"박옥수 목사님에게서 많은 감명을 받았습니다. 목사님은 성경을 다 외우는 분입니다. 나는 최고 랍비로서 많은 종교 지도자들을 만나보았지만, 박 목사님은 영적인 힘이 많이 느껴지는 분입니다. 특히 성경적인 부분에 있어서는 너무나 탁월하십니다. 내가 만난 분 중에 최고였습니다."(요나 메츠거, 이스라엘 전 수석 랍비)

유대교 전 수석 랍비 요나 메츠거와 박옥수 목사

상파울루 메트로폴리타나 대성당에서

2023년 2월, 박옥수 목사는 브라질 상파울루의 메트로폴리타나 대성당 에우모 신부의 초청을 받아 그라시아스합창단과 함께 방문했다. 그 자리에 모인 1,500명이 그라시아스합창단의 영감 넘치는 찬송에 감동하고, 박옥수 목사가 전한 메시지에 마음으로 연합했다.

"이번 행사는 하나님의 은혜를 입는 행복한 시간이었습니다. 저뿐만 아니라 모든 사람에게 복된 시간이었습니다. 목사님이 전한 말씀 안에 너무나 지혜로운 메시지가 담겨 있었습니다. 그것을 통해 목사님의 믿음을 뚜렷이 볼 수 있었고,  진정한 전도자들이 가진 강한 힘을 느낄 수 있었습니다. 다시 한 번 같은 형제로서 진심어린 우애를 표합니다. 언제든지 우리 대성당을 방문하여 주십시오. 항상 환영합니다."(에우모 신부)

2024년 2월, 박옥수 목사는 에우모 신부의 초청으로 메트로폴리타나 대성당을 다시 방문했다. 상파울루 시민들을 비롯해 가톨릭 사제와 수녀들은 물론 여러 종교의 지도자들도 모였다. 이틀간 4천여

상파울루 대성당에서 메시지를 전하는 박옥수 목사

명이 발 디딜 틈 없이 성당을 가득 채운 채 그가 전한 메시지에 귀를 기울였다. '누구든지 성경 말씀을 받아들이면 죄악에서 벗어나 행복해진다'는 그의 메시지가 나라와 종교를 넘어 사람들의 마음에 큰 울림을 주었다.

팬데믹 기간 온라인 활동

2020년, 뜻하지 않은 코로나 팬데믹으로 전 세계는 빙하 시대를 맞은 듯했다. 서로 오갈 수 없게 되었고, 만나서 교류할 수도 없었다.

팬데믹 기간에 온라인과 방송으로 메시지를 전하는 박옥수 목사

대외적인 종교 활동이 거의 중단되었을 때 박옥수 목사는 멈추지 않았다. 그는 고통과 두려움으로 힘들어하는 인류를 향해 온라인으로 소망의 메시지를 전했다.

그가 전한 메시지는 세계 여러 나라의 언론으로부터 관심을 받았고, 곧 125개국의 662개 방송사에서 62개 언어로 방송했다. 그의 메시지를 들으며 사람들은 절망에서 벗어날 수 있었고 코로나바이러스를 떨치고 일어날 힘을 얻었다. 그의 메시지를 들은 청취자 중에 실제로 질병과 두려움에서 벗어났다는 댓글이 수없이 많았다. 불확실한 미래 앞에서 마음이 고립되어 가던 사람들이 그의 온라인 메시지로 인해 마음의 평화를 회복할 수 있었다.

그때를 시작으로 현재도 미국 51개 방송국을 비롯해 세계 여러 나라의 많은 방송국에서 그가 전하는 설교 말씀을 방송하고 있다.

Part III

박옥수 목사 활동 플랫폼

박옥수 목사는 청소년들이 밝고 행복하게
활동할 수 있도록 여러 가지 프로그램을 개발했다.
그 가운데 대표적인 것으로,
세계의 청소년이 함께 모이는 '월드캠프'와
대학생들이 1년 동안 다른 나라에 가서 봉사하는
'굿뉴스코 해외봉사'를 소개한다.

Chapter *04*

월드캠프 & 굿뉴스코

Chapter 04

1. 월드캠프

젊은이들의 축제 월드캠프. 한국을 중심으로 65개국에서 월드캠프가 개최되고 있다. 한국 월드캠프에는 해마다 60여 개국의 젊은이들이 모여서, 감동과 즐거움이 가득한 행복한 시간을 갖는다. 세계 장관 포럼, 교육 포럼, 국가 공무원 포럼, 리더스 컨퍼런스 등이 함께 열려 청소년을 위한 다양한 활동을 펼친다.

한국 월드캠프

1995년 한미청소년수련회를 계기로 시작된 한국 월드캠프. 60여 개국에서 오는 4,000여 명의 청소년이 함께하는 캠프로 2023년까지 26회 진행되었다. 매년 7월에 개최되는 한국 월드캠프가 모태가 되어 지금은 65개국에서 자체적으로 열리고 있다.

한국 캠프 기간에는 약 2주 동안 박옥수 목사의 마인드 강연 및 명사들의 강연을 듣고, 명소 탐방 및 민박, 문화 공연 관람, 각종 체험 활동 등의 시간을 갖는다. 서로 다른 나라에서 온 학생들이 10여 명씩 같은 반이 되어 함께 생활하면서, 문화와 언어를 뛰어넘어 교류하고 연합하는 활동으로 잊을 수 없는 추억을 쌓는다.

"한국 월드캠프에서 경험한 모든 것이 환상적이었습니다. 한국에 대해 하나둘 알아갈 수 있었고, 같은 반 친구들과 서로 마음을 나누면서 정말 행복한 시간을 보냈습니다. 이야기를 주고받는 동안 어느덧 친한 친구가 되었고, 함께 즐거운 활동들을 했던 지난 날들은 제 생애 최고의 순간이었습니다. 마인드 강연을 들으며 마음도 성장하고 삶의 폭도 넓어진, 잊을 수 없는 소중한 시간이었습니다." (슐리, 에콰도르)

*주요 프로그램

IYF 아티스트 및 그라시아스합창단 공연, 명사 초청 강연, 세계 문화 공연, 마인드 강연, 명승지 탐방, 다양한 아카데미, 컬처, 민박, 단축 마라톤 등

아프리카(Africa) 월드캠프

2008년 가나와 케냐에서 시작되었다. 열악한 환경 까닭에 처음에는 힘들었지만, 해를 더할수록 각국 정부가 지지하고 후원하고 있다. 현재는 약 30개국에서 매년 월드캠프가 개최되고 있다.

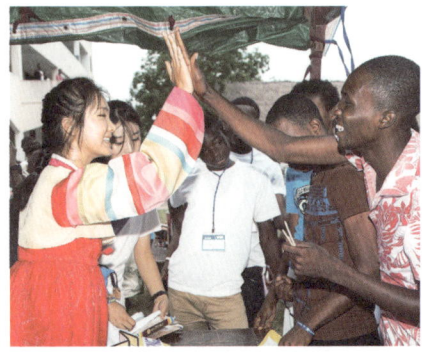

뜨거운
열정으로

마음의 손을
맞잡고…

4. 월드캠프 & 굿뉴스코

유럽(Europe) 월드캠프

2009년 오스트리아 월드캠프를 시작으로 현재 10여 개국에서 개최되고 있다. 월드캠프는 유럽 청소년들이 여러 나라의 문화를 경험하고, 서로 다른 견해 차이를 극복해가는 교류와 화합의 장이다.

남미(South America) 월드캠프

2008년 페루에서 처음 월드캠프를 가진 뒤 현재는 9개국에서 진행되고 있다. 많은 청소년들이 함께하는 가운데 밝은 마음을 얻고 미래를 준비할 힘을 얻는 소중한 시간이 되고 있다.

4. 월드캠프 & 굿뉴스코

북중미(North America) 월드캠프

2006년 미국 하와이에서 처음 열렸다. 지금은 캐나다, 코스타리카, 멕시코, 파나마, 아이티, 도미니카 등 9개국에서 열리고 있다. 젊은 이들이 교류하며 평화와 희망의 네트워크를 형성하고 있다.

아시아(Asia) 월드캠프

2007년 태국 캠프를 시작으로 현재 10개국에서 개최되고 있다. 경제 발달과 인터넷의 확산으로 욕구가 커진 젊은이들이 밝고 따뜻한 교류의 시간을 가지며 진정한 즐거움과 행복의 의미를 찾는다.

울타리
밖으로 나가

함께 나누는
행복이…

오세아니아(Oceania) 월드캠프

2005년 호주 글로벌캠프 후, 2008년부터 월드캠프를 시작했다. 현재는 8개국에서 개최되고 있다. 바다에 둘러싸여 사는 청소년들이 다양한 문화를 접하고, 많은 사람들과 교류하는 열린 공간이다.

2. 굿뉴스코(Goodnews Corps)

박옥수 목사는 굿뉴스코 해외봉사 프로그램을 만들어 2001년부터 2023년까지 97개국에 10,165명의 대학생들이 해외에서 봉사할 수 있게 했다. 단원들은 현지에 가서 청소년 교육 및 다양한 사회 봉사 활동을 펼쳤고, 지역 사회의 발전 및 삶의 질 개선에 기여하였다. 또한 인종과 언어를 초월해 화합을 이룸으로써 세상을 평화롭게 만드는 풀뿌리 역할을 하고 있다.

"내 젊음을 팔아 그들의 마음을 사고 싶다"

굿뉴스코 해외봉사

프로그램의 슬로건은 '내 젊음을 팔아 그들의 마음을 사고 싶다'이다. 2002년에 14명의 대학생들을 10개국에 보낸 것을 시작으로, 매년 60여 개국에 400~600명의 자원자들이 해외로 가서 1년간 봉사 활동을 펼친다. 지금까지(2023년 기준) 21회에 걸쳐 97개국 209개 지부에 총 10,165명이 파견되었다.

　굿뉴스코 단원들이 자신이 선택한 나라에 가서 하는 주요 활동은 크게 봉사 활동과 민간 외교 활동으로 나뉜다. 봉사 활동으로는 인성 교육, 청소년 선도, 각종 아카데미 운영, 구호 활동, 의료 봉사, 보건 위생 교육, 작은 도서관 건립, 기술 보급 등이 있으며, 민간 외교 활동으로는 각종 우호 친선 활동, 정부 기관과 MOU 체결, 행사 지원 및 통역 등이 있다.

*굿뉴스코 해외봉사단 파견 현황
　97개국 209개 지부　10,165명

4. 월드캠프 & 굿뉴스코

굿뉴스코 활동 - 교육

굿뉴스코 활동 – 교육

굿뉴스코 활동 – 지역 봉사

굿뉴스코 활동 – 소통과 교류

굿뉴스코 활동 – 소통과 교류

해외봉사 후 활동들

굿뉴스코 페스티벌

매년 2월이면 '청춘, 세계를 품다!'라는 제목으로 개최하는 행사. 세계 90여 개국에 파견되어 그곳에서 자신의 한계를 넘어 도전하고, 현지인들과 교류하며 1년을 뜻깊게 보내고 귀국한 젊은이들이 펼치는 발표회이다. 지구촌 각 나라에서 경험한 문화와 활동은 다르지만, 다녀온 나라의 사람들을 사랑하는 마음과 열정은 동일하다. 그들이 경험한 것을 춤과 노래 그리고 이야기에 담아 전하는 무대는 기쁘고 감사한 에너지가 넘친다. 지금까지 21년에 걸쳐 모두 162회 공연을 했으며, 누적 관객수는 1,181,000명에 이른다.

"저는 뮤지컬 팀의 배우를 맡았습니다. 준비하는 과정에 어려움이

많았는데 가장 큰 문제는 연기였습니다. 팀원들이 대부분 전문가가 아니어서 사람들의 시선을 의식해 맡은 배역에 몰입하지 못했습니다. 그 사실을 모르고 있다가 리허설 때 공연 평을 듣고야 알았습니다. 그때부터 팀원들이 서로 마음을 나누며 배역에 몰입하려고 애썼습니다. 결국 우리는 마음을 모아 공연을 해냈고, 관객들의 박수가 터져나올 때 눈물이 났습니다. 어려움은 항상 기쁨을 남깁니다."
(신명기 단원, 17기 튀르키예)

매년 펴내는, 단원들의 이야기를 담은 수기집

세계 문화 엑스포

해외봉사를 다녀온 대학생들이 일반 시민들을 대상으로 개최하는 행사로, 굿뉴스코 단원으로 활동하는 동안 현지인들과 함께 지내면서 몸과 마음으로 얻은 경험과 추억 등을 전시, 공연, 체험담 등으로 담아낸 일종의 박람회다. 기획부터 부스 설치, 공연, 홍보까지 학생들이 직접 맡아서 진행한다.

2005년 서울 COEX컨벤션홀에서 세계 문화 엑스포가 처음 개최된 이후 과천 서울랜드, 대학가 및 지방 도시 곳곳에서 성황리에 개최되고 있다. 매회 500여 명의 대학생들이 준비하며, 지금까지 관람객 수는 30만 명에 달한다.

"학생들이 학교를 다니면서 이런 규모의 행사를 두 달에 걸쳐서 준비했다고 말하면 대부분의 사람들이 믿을 수 없다는 반응부터 보입니다. 어떻게 이렇게 큰 규모의 행사를 학생들만의 힘으로 그 짧은 기간 동안 준비해서 펼쳐냈는지, 납득하기 어렵다는 거죠. 실제로 우리가 힘을 합해서 모든 것을 준비했는데 말이죠. 마음을 합하면 한계를 뛰어넘을 수 있다는 사실을, 세계 문화 엑스포를 진행하면서 분명하게 배웠습니다."(남혜진, 진행팀장, 대학생)

굿뉴스코 해외봉사 감동 스토리

2019년, 스리랑카 수도 인근 여러 곳에서 폭탄 테러가 발생해 800여 명의 사상자가 발생했다. 이 사건으로 가족과 친구와 동료를 잃은 사람들이 많았다. 그들의 슬픔이 우리 봉사 단원들의 마음까지 아프게 했다. 우리는 '스리랑카 사람들을 위해 무엇을 할 수 있을까?' 고민했고 그들의 아픔을 위로할 수 있는 음악회, 'Korean Special Concert : The Way to Happiness'를 기획해서 열기로 했다. 처음에는 우리 일에 사람들이 별 관심을 보이지 않았다. 하지만 스리랑카의 아픔에 동참하는 우리 진심이 알려지면서 많은 사람이 콘서트에 왔고 행복해했다. 그 뒤로 여러 곳에서 공연을 해달라고 우리를 초청했다. 스리랑카 사람들이 몹시 힘들어할 때 위로해줄 수 있어 정말 감사했다.(최원태_스리랑카)

어렸을 때부터 넓은 초원과 자연, 동물을 좋아한 나는 자연스레 아프리카를 동경해왔다. 언젠가 아프리카 아이들은 미술 재료나 도구가 부족해서 미술을 배우지 못한다는 기사를 보았다. 그때부터 아프리카 아이들에게 그림을 가르치는 선생님이 되고 싶다는 꿈을 품었다. 탄자니아로 해외봉사를 가서 그 꿈을 이룰 기회가 생겼다. 어느 초등학교에서부터 미술 아카데미를 시작한 것이다. 그림물감을 처음 본 아이들의 탄성이 여기저기서 터져나왔다. 나의 꿈이 이루어지는 순간이었고, 덥고 가난한 그곳에서 나는 아이들과 함께 가장 행복한 사람이었다.(김영인_탄자니아)

하루에 200원을 벌기 위해 뜨거운 태양 아래 종일 수고하는 사람들, 주린 배를 움켜쥐고 길에 나가 돈을 구걸하는 아이들. 라이베리아 사람들은 끼니를 잇는 것이 어려워도 항상 밝은 얼굴로 인사를 건네고, 자신의 삶이 어려워도 이웃의 고통을 그냥 지나치지 않는다. 나는 라이베리아에서 행복은 물질이 아닌 가슴의 온도에 있음을 깨달았다.(이한나_라이베리아)

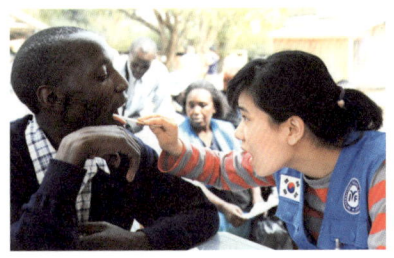

생명을 살리는 일이 가치있다고 생각해서 진학한 의대. 하지만 입학 첫날부터 이기적인 학생들의 모습에서 실망을 맛보았다. 그러다 월드캠프에서 만난 '두두'와의 약속을 지키기 위해 남아공으로 해외봉사를 떠났다. 도착해 보니 그녀가 몇 달 전에 이미 에이즈로 죽었다는 소식을 들었다. 이후 나는 순간순간을 소중히 여기고 현지인들을 돌보면서 그들의 아픔과 기쁨이 내 것이 되는 경험을 했다. 나를 세상에서 가장 행복한 의사로 만들어준 아프리카. 지금도 아프리카를 떠올리면 입가에 미소가 지어진다.(박소영_남아프리카공화국)

아마존의 깊숙한 오지, 문명의 혜택과 동떨어진 환경 속에서도 순박한 마음으로 자라고 있는 인디오 꼬마들. 그 아이들을 만나면서 한국에서 많은 것을 누리면서도 감사할 줄 모르고 불평만 쏟아냈던 내가 한없이 부끄러웠다. 그리고 내가 가진 많은 것들을 이 아이들과 모두 나누고 싶었다.(신정희_브라질)

인터넷 게임이 없는 나라에 가면 게임에서 벗어날 것 같아 아프리카로 갔다. 이기적인 목적을 가지고 온 나를 아프리카 친구들은 와줘서 고맙다며 반겨주었다. 그들과 새하얀 백사장에서 뛰놀며 처음으로 사람과 함께한다는 게 좋은 걸 알았다. 나를 인터넷 게임에서, 홀로 갇힌 고립된 마음 속에서 건져준 그곳의 친구들을 잊을 수 없다.(최형근_탄자니아)

상파울루에서 멀리 떨어진 시골 마을에 브라질 해외봉사 단원들이 '찾아가는 아카데미' 프로그램을 진행하기 위해 갔다. 도착한 곳은 마약 중독자 재활원이었다. 마약 중독자라는 말에 속으로 겁을 먹었지만, 실제로 만나 보니 너무 순수한 사람들이었다. 우리는 그들에게 한국어 입문 수업을 했는데, 아이들처럼 잘 따라와 주어 행복한 시간을 보냈다. 재미있는 발음을 따라하면서 밝게 웃기도 하고, 좋아하는 말을 서로의 언어로 표현해 보면서 나는 그들과 친구가 되었다. 그곳에서 일주일 동안 교육 봉사를 하면서 평생 잊지 못할 추억을 쌓았다.(신요한_브라질)

핫디갈 마을에서 찻잎 바구니를 머리에 이던 날, 첫 봉사간 날이기에 도움이 되고 싶었다. 그래서 손놀림을 빨리 하려고 했지만 실수가 더 많았다. 하지만 풀잎 향을 가득 마시며 웃음꽃이 그치지 않았던 그 시간은 곱게만 자라온

내게 노동의 즐거움을 가르쳐주었다. 그렇게 1년 동안 인도 사람들과 우정을 나누고 힘든 일도 해보며, 울보라서 별명이 수도꼭지였던 내가 무척 야물어졌다.(김미형_인도)

부모님의 잦은 싸움으로 인해 나는 슬플 때도 즐거운 표정을 짓는 이중적인 사람이 되었다. 페루에서 봉사를 하던 중 미혼모 가정의 가난한 꼬마에게 과자를 주었더니, 그 아이가 과자의 반을 잘라 내게 다시 건네주었다. 불우한 환경에 있는 꼬마에게 이토록 따뜻한 마음이 있구나! 겉과 속이 다르게 행동했던 내 굳은 마음이 꼬마가 준 과자 반쪽에 부드러워지기 시작했다. 내 마음을 녹여 준 그들과 헤어지는 날, 서로 끌어안고 얼마나 울었는지 모른다. 페루의 아이들이 그립다.(정지혜_페루)

대학에서 디자인을 전공하는 나는 해외봉사를 가서 어느 초등학교의 교실을 꾸며주는 일을 맡았다. 아직 전문가 수준이 못되는데도 내 솜씨에 아이들은 한없이 즐거워했다. 작은 재능으로 사람들을 그렇게 기쁘게 할 수 있다는 사실이 놀라웠다. 그 후, 인근 여러 초등학교에서 교실 환경미화를 어떻게 해야 좋을지 와서 가르쳐달라는 부탁을 받았다. 한국에서는 경험하지 못할 행복한 순간들이었다.(김예진_나이지리아)

부모님에게 사랑받지 못하는 불행한 아이라고 스스로 생각했다. 하루는 해외봉사를 간 아프리카 탄자니아에서 친구 람손이 자기 고향 린디로 초대했다. 먹을 것도 별로 없고 물도 더러워 탄자니아 사람들도 가기를 꺼려하는 그곳에서 물 한 동이, 한 접시의 조촐한 음식이었지만 람손 가족의 큰 사랑을 느낄 수 있었다. 그리고 그동안 줄곧 나를 향해 있던 엄마의 헌신적인 사랑도 발견할 수 있었다. 린디 마을의 가난은 내 마음의 눈을 뜨게 해주었다.(김다해_탄자니아)

아프리카에서 봉사하는 것이 고생스럽다고 여기다가, 어느 순간 어려움을 바라보는 시각을 바꾸면서 생각지 못한 굉장한 일들을 할 수 있었다. 에스와티니에서 가장 좋은 공연장을 빌려 콘서트를 할 때였다. 나는 음향을 책임지는 음향감독으로서 최고의 공연이 되도록 최선을 다했다. 한편 많은 사람들 앞에 기타리스트로 선 적도 있었는데, 나의 기타 연주가 사람들을 기쁘게 해준다는 사실이 너무 기쁘고 고마웠다. 또 그곳에서 배운 용접 기술로 용접을 해주는 봉사를 하기도 했다. 남을 위해 사는 것이 얼마나 값진 것인지 직접 경험할 수 있었다.(장원준_에스와티니)

사람들 앞에 나서는 것을 무척 쑥스러워하는 내가, 핀란드에 가서 선생님이 되었다. 그들은 자신의 나라에 봉사하러 왔다는 이유만으로 내게 마음을 열고 나를 따라주었다. 내가 그렇게 큰 사랑을 받아도 되나 싶을 정도로. 1년간의 봉사 활동 기간에 만난 핀란드 친구들의 사랑은 평소 말이 없어 인어공주라는 별명을 가진 나를 어떠한 이야기도 할 수 있는 사람으로 바꿔주었다.(최샛별_핀란드)

오리사 시내에서 버스를 타고 10시간을 달려 도착한 고티베라. 내가 지낸 집이 마을에서 유일하게 화장실이 있는 집일 정도의 오지마을이었다. 차디 찬 방

바닥과 밤새 쥐가 들썩거리는 지붕. 한국에서는 상상할 수 없는 열악한 환경이 낯설고 불편했지만 그곳이 점점 좋아졌다. 램프 불 밑에서 저녁 식사를 하고 밤마다 마당에 앉아 오순도순 이야기를 나누다 보면 기나긴 밤이 훌쩍 지나갔다. '어떤 곳에서 사는가'보다 '어떤 마음으로 사는가'가 더 중요한 것을 알게 해 준 곳. 부모님의 이혼과 엄마를 일찍 여읜 내 마음의 상처를 보듬어 주고 사랑과 감사를 가르쳐 준 그곳을 잊을 수 없다.(지선경_인도)

사하라사막에 인접한 내륙 국가 부르키나파소는 산업 인프라가 부족한 나라다. 시골의 한 마을을 방문했다가 아이들이 큰 구덩이에 들어가 사금 거르는 것을 보았다. 프랑스 식민 치하 때 채굴했던 구덩이였다. 국제 정치와 개발을 연구하는 국제학도로서 가슴이 무척 아팠다. 그 일을 계기로 나는 아프리카와 같은 저개발국가의 발전을 위해 일하는 꿈을 품게 되었고, 한국으로 돌아와 국내외 국제행사에 참여하며 꿈을 향해 달려가고 있다.(김용희_부르키나파소)

몇 해 전에 발생한 대지진으로 모든 것이 무너져 내린 아이티에 가서 영어 캠프를 했다. 온몸을 강타하는 무더위와 흙먼지, 여전히 방치되

어 있는 건축물 잔해들과 쓰레기 더미에 처음엔 기가 질렸다. 그러나 영어 캠프에 온 아이들과 함께하면서 그들의 아픔과 슬픔을 알았고, 그때 처음으로 다른 사람과 마음을 나누는 것이 얼마나 행복한 것인지 깨달았다. 만족할 줄 모르던 내가 아이티 친구들 덕분에 작은 일에도 기뻐하고 감사할 줄 아는 사람이 되었다.(황미선_미국)

하늘과 가장 가까운 곳에서 때 묻지 않은 사람들이 사는 네팔로 해외봉사를 갔다가 그곳에서 처음으로 누군가에게 필요한 사람이 되었다. 네팔어에 서툴어도 나를 가족처럼 반기는 사람들에게 내가 해줄 수 있는 것은 태권도를 가르치는 것이었다. 지역 학생들에게 태권도를 가르치던 나는 우연한 기회에 네팔 국가대표 태권도팀 훈련을 돕게 되었다. 대표팀을 맡고 있던 한국인 권혁중 감독의 통역을 하면서 품세나 겨루기 자세를 해주는 도우미 역할이었다. 그런데 기적 같은 일이 일어났다. 아시안 게임에 출전한 네팔 태권도 대표팀 중 마니타 사이 선수가 동메달을 딴 것이다. 내가 연습을 도와줬던 선수가 메달리스트가 되다니! 그곳에서 나는 새로운 희망을 찾았다.(최상훈_네팔)

굿뉴스코에서 배운 마인드교육 내용을 가지고 어느 고등학교에 가서 강연할 기회가 있었다. "어려움과 두려움이 있을 때 혼자만 품고 있으면 그것이 커집니다. 드러내면 자유로워집니다. 약점을 숨기지 않고 이야기하면 마음으로 함께하는 친구들이 생기고, 그들과 교류하다 보면 상처가 치유됩니다."이렇게 강연을 마쳤는데, 학생들이 찾아와 자신들이 가진 아픔을 꺼내 말하기 시작했다. 그들의 이야기를 다 들은 나도 쓰라린 실패담을 말해주면서, 약함은 숨기지 않고 드러낼 때 비로소 자유로워진다고 가르쳐주었다. 그들과의 만남은 아주 오랜만에 맑은 공기를 마신 것처럼 청명한 경험이었다.(이대영_남아프리카공화국)

매년 여름이 되면 청소년들을 위하는
세계의 인사들이 한국에서 만나 지혜와 뜻을 모은다.
보다 효과적이고 지속적인 청소년 활동을 위해서다
'세계 장관 포럼'. '교육 포럼'. '국가 공무원 포럼' 등의 주요 행사에서
대학생들은 각국의 전문가들과 함께 청소년 문제를 논의하고
해결책을 찾는 기회를 갖는다.

Chapter *05*

국제 포럼

Chapter 05

국제 포럼

한국에서 열리는 월드캠프 기간에, 세계 여러 나라의 정부 인사 및 교육계 인사들의 포럼이 함께 개최된다. '세계 장관 포럼', '교육 포럼', '국가 공무원 포럼' 등이 그것이다. 청소년을 위해 일하는 세계의 인사들이 한데 모여 청소년 문제의 해결 방안을 모색하고, 인성 교육의 발전을 도모한다.

다양한 국제 포럼 탄생

월드캠프 및 굿뉴스코 해외봉사 등 청소년을 위한 활동이 전 세계로 확산되면서, 더 좋은 결실을 얻기 위해 청소년을 위해 일하는 정부 인사들과의 연대 활동이 절실해졌다. 이에 박옥수 목사는 한국에서 월드캠프가 열리는 기간에 세계 각 나라의 청소년부 장관 및 교육부 장관을 초청해 '세계 장관 포럼'을 시작했다. 나아가 교육을 담당하는 세계 대학의 총장들을 초청해 '교육 포럼'을 시작했다. 이후 청소년 활동을 지원하려는 인사들의 모임이 확대되어 '국가 공무원 포럼'이 탄생했다. 이 외에도 포럼에 참가한 장관들과 대학생들이 만나 각 나라의 청소년 문제를 해결할 좋은 프로젝트를 논의하고 채택하는 '리더스 컨퍼런스'도 함께 운영되고 있다. 채택된 프로젝트는 나중에 학생들이 그 나라를 찾아가 실행한다.

여러 나라의 장관들과 대학생들이 모여 청소년 문제 해결의 길을 찾는 리더스 컨퍼런스

세계 장관 포럼

청소년 마인드교육을 국가 차원에서 진행해야 할 필요성이 절실해지면서 세계 장관 포럼을 해마다 개최하고 있다. 이 자리에서는 여러 나라의 장관 및 관계자들이 모여서 자국의 청소년 문제 실태를 이야기하고, 함께 해결책을 논의한다. 또한 IYF와 지속적인 협력을 통해 청소년 문제의 실질적인 해결을 위한 공동 방안을 마련하고 실천한다. 2011년에 시작해 지금까지 11회 개최되었으며, 77개국에서 357명이 함께했다.

"아프리카 청소년들은 부정적인 생각에 병들어 있습니다. 특히 카메룬은 그 정도가 심각합니다. 저는 장관으로서 박옥수 목사님의 마인드교육이 청소년들에게 좋은 영향을 미칠 것이라고 확신합니다. 마인드교육은 다른 사람이 본인의 어려움을 해결해 주는 것이 아니라, 스스로 어려움을 이겨낼 수 있도록 능력을 키워주기 때문입니다. 카메룬에서 IYF가 적극적으로 일할 수 있도록 돕겠습니다. 그렇게 해서 우리 청소년들의 마인드가 변화되면 좋겠습니다. 청소년들의 마인드가 교육을 통해 변한다면 카메룬이 더욱 빨리 발전할 수 있다고 믿습니다. 그리고 이 교육은 미래의 청소년들은 물론, 현재의 리더들도 다 받아야 합니다."(모모 진, 카메룬 법무부장관)

*주요 프로그램
  포럼 주제 발표, MOU 체결, IYF 설립자 리셉션, 산업 시찰 및 명소 탐방

부산 누리마루 APEC하우스에서 열린 세계 장관 포럼. 국회, 정부 기관 시찰도 프로그램의 일환이다.

5. 국제 포럼 187

교육 포럼

대학생 교육에 있어서 누구보다 관심이 크고 영향을 미치는 사람들은 교육 현장에 있는 교수들이다. 그들이 학생들을 위해 함께 모여 논의하는 교육 포럼을 만들었다. 교육 포럼에서는 국내외 대학 총장 및 교육 관계자들이 참석해서 우수 유학생 유치 및 파견, 인턴십 프로그램 추진, 한국어 교육 센터 설치, ODA(Official Development Assistance) 추진 사업 등과 관련해 의견을 교환하고, 필요한 일들을 결정한다. 2013년에 시작해 지금까지 9회 개최되었으며, 69개국 309개 대학에서 435명의 교육자들이 함께했다.

"사람은 중요한 자원입니다. 학생들 안에 긍정적인 마인드가 새롭게 자리 잡을 때 일어나는 변화가 사회의 변화로 이어질 수 있습니다. 그런 면에서 저는 박옥수 목사님이 시행하는 마인드교육의 영향이 크고 중요하다고 생각합니다. 이 투자가 정말 가치 있다고 생각합니다. 저는 이 교육을 우리 학생들에게 시행하고 싶습니다. 많은 젊은이들이 바뀌어 모든 분야에서 필요한 곳에 적절한 인적 자원을 얻을 수 있도록 말입니다. 이 교육으로 사람들이 점점 바뀌어 간다면, 나라 전체를 실질적으로 행복하게 바꿀 수 있을 것입니다."(무 사오 칼롬보 음부유, 콩고민주공화국 UPGI 대학 총장)

*주요 프로그램
  포럼 주제 발표, 공동선언문 채택, MOU 체결,
  한국 내 대학 방문, 산업 시찰 및 명소 탐방

각국의 대학 총장들과 교육 전문가들이 모여 토론하는 교육 포럼

국가 공무원 포럼

세계 여러 나라의 경찰청장, 교정본부장, 군 장성 등이 범죄자 및 재소자, 출소자의 재범 발생을 줄일 수 있는 방안을 마련하기 위해 모이는 행사다. 포럼 참석자들은 박옥수 목사가 전해준 마인드교육을 들으면서, 삶의 진정한 변화가 가능한 교정 교화 솔루션은 새로운 제도의 구축이 아니라 마음의 변화가 먼저라는 사실에 공감한다. 이들은 각국의 실태와 문제 원인, 교정 정책에 관해 정보를 공유하고, 상호 협력을 통해 실질적인 해결안을 모색하려고 한다. 2017년에 시작해 지금까지 7회째 개최되었으며, 33개국 373명의 관계자들이 함께했다.

"먼저 볼리비아 정부와 교정청을 대표해 박옥수 목사님의 마인드교육에 감사드립니다. 마인드교육의 가장 중요한 효과는 사람의 마음을 변화시킨다는 것입니다. 악으로 가득 차 있던 사람도 마인드교육을 받으면 마음이 부드럽게 변하는 것을 봅니다. 저는 재소자나 교정 관계자뿐 아니라 볼리비아 모든 곳에서 이 교육이 시행되길 소망합니다. 마인드교육을 받고 제가 얻은 것들이 마음의 힘과 성장, 행복이기 때문입니다."(파울로 산토스, 볼리비아 경찰 대표)

*주요 프로그램

　포럼 주제 발표, MOU 체결

범죄 발생률을 낮출 방안을 모색하기 위해 모인 국가 공무원 포럼

5. 국제 포럼 191

리더스 컨퍼런스

청소년 문제의 해결 주체가 고위 공직자나 교육 전문가들이 아닌, 대학생들 중심으로 진행되는 컨퍼런스. '나의 작은 아이디어가 세상을 바꾼다'는 슬로건 아래 대학생들이 프로그램을 기획하고 실제 운영하는 점이 매우 신선하다. 나아가 현지에서 해볼 수 있는 방안까지 모색하는 글로벌 솔루션 프로그램이다. 한국 월드캠프 기간에 한국을 방문한 세계 여러 나라의 청소년 지도자(장관, 대학 총장, 교정본부장 등)들과 함께 논의하는 시간도 있다. 이때 대학생들은 청소년 문제에 대한 심도 있는 이해와 실질적인 조언을 얻고, 문제 해결을 위한 방법을 모색한다. 미래의 리더가 되어 미리 정책을 짜고 실행해 보는 프로그램으로, 리더가 갖추어야 할 것들을 배운다. 지금까지 모두 10회 개최되었으며, 331개 대학의 3,112명이 함께했다.

*주요 프로그램

아이디어 제시, 실행플랜 구상, 팀플레이 토론 결과 도출,
청소년부 장관 및 총장 미팅과 발표, 프로젝트 완성 후 국가별 실행 진행

*프로젝트 사례

2015년 클리닝 캠페인 및 마인드 체인지 투어 3개국/남아공, 에스와티니, 레소토
2019년 태국 Clink 청소년 진로 탐색 교육 프로젝트
2020 르완다 RE:MIND 프로젝트
2020 필리핀 오지 지역 우물 사업 'DEEPWELL' 프로젝트
2023 에티오피아 '해피오피아' 프로젝트

대학생이 청소년 문제의 해결 주체가 되어 진행되는 리더스 컨퍼런스

5. 국제 포럼 193

행복은 나누는 데에서 출발한다.
박옥수 목사는 의료봉사단에 소속한 많은 의료진과 함께
아프리카 등 열악한 곳에 사는 사람들에게 찾아가
매년 무상으로 진료 활동을 펼치고 있다.
또한 합창단을 창단해 영혼을 울리는 음악으로 수많은 사람들의
마음에 위로와 기쁨. 소망을 선물하고 있다.

Chapter *06*

의료 봉사 &
문화 활동

Chapter 06

1. 의료 봉사 활동

박옥수 목사는 사람들이 질병에서도 벗어나 건강하게 살길 바라는 마음으로 의료봉사단을 만들어 의료 구호 활동에도 힘쓰고 있다. 2008년에 박옥수 목사가 설립한 의료봉사단은 주로 아시아, 중남미, 아프리카, 남태평양 등 의료 환경이 열악한 지역에서 봉사 활동을 펼치고 있다.

굿뉴스 의료봉사단 활동

매년 수백 명의 의료진과 자원봉사자를 의료 환경이 열악한 지역에 파견해 환자들을 치료하고 위생보건 교육을 진행하여 현지인들로부터 큰 호응을 얻고 있다. 현재까지 2천여 명의 봉사단을 파견, 10만 명이 넘는 사람들에게 의료 혜택을 제공하며 활동하고 있다.

한편 2016년 2월에는 베냉 정부에서 기증한 3만 평의 부지에 지은 '새나라 메디컬 센터' 개원식이 있었다. 이후 의료진 파견, 의료기기 및 의약품 지원 등을 통해 인근 주민들에게 기초 의료 혜택을 제공하고 있다. 또한, 베냉 보건부와 협력해 아프리카 풍토병인 브룰리 궤양 퇴치를 위한 프로그램을 진행 중이다.

코트디부아르 부아케 마을 의료봉사 활동, 박옥수 목사와 의료진

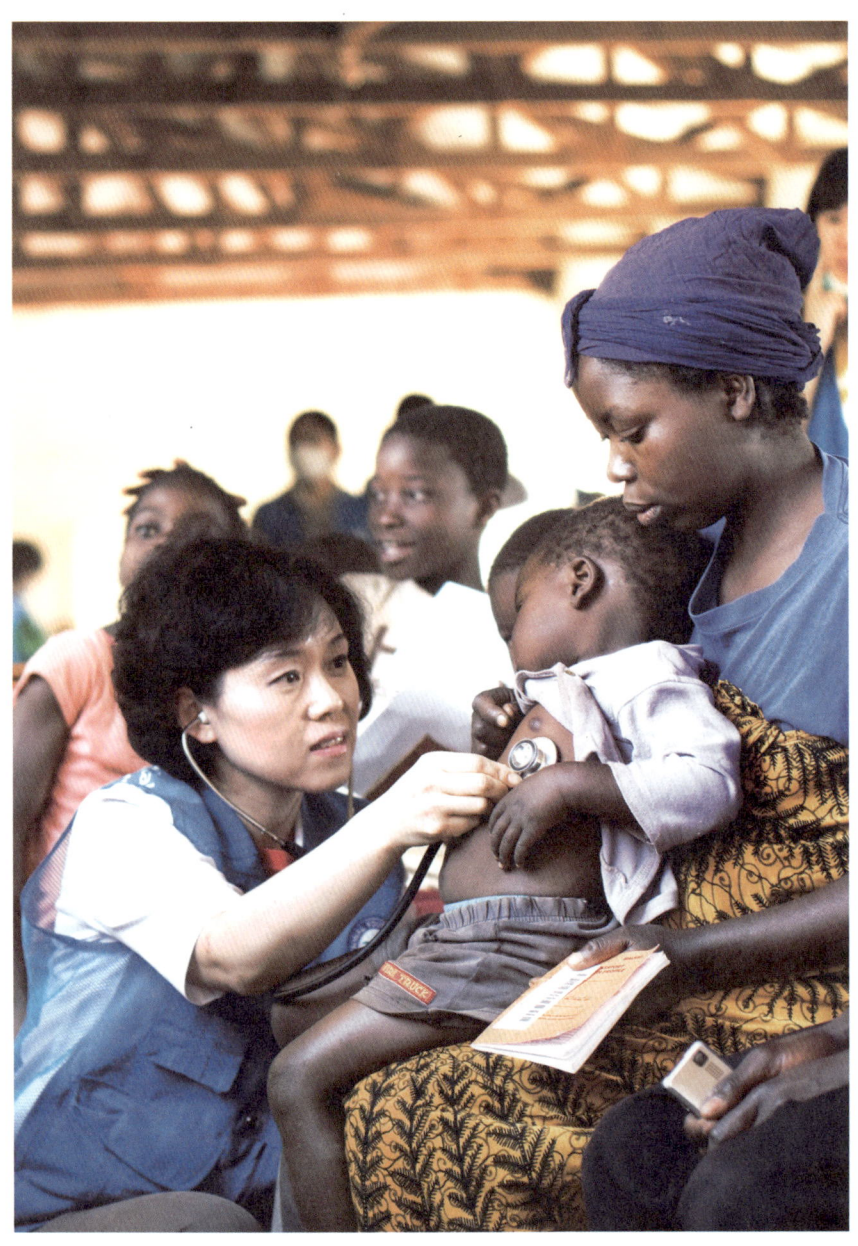

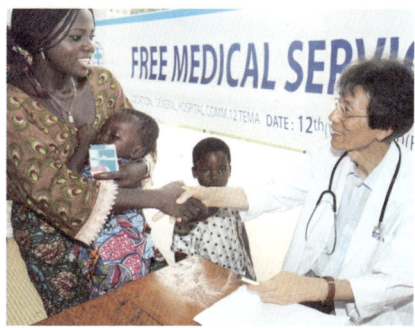

6. 의료 봉사 & 문화 활동 199

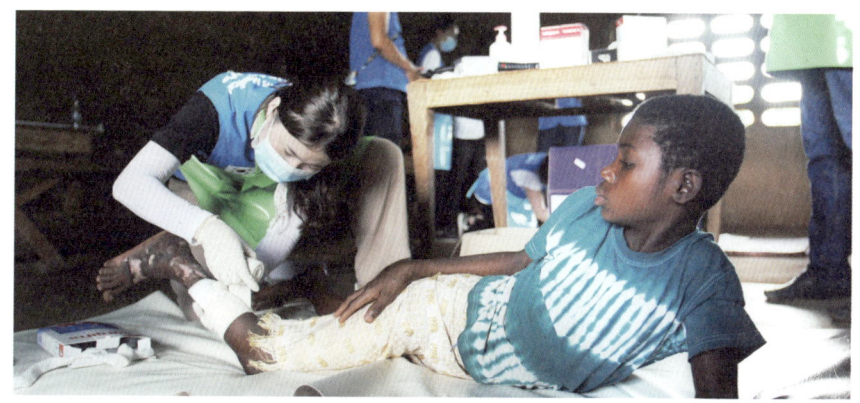

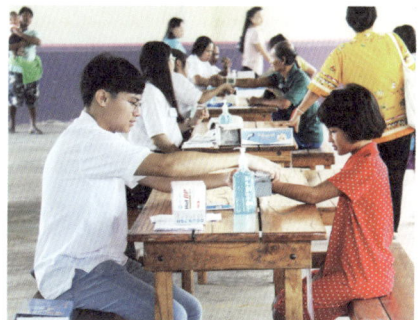 

6. 의료 봉사 & 문화 활동

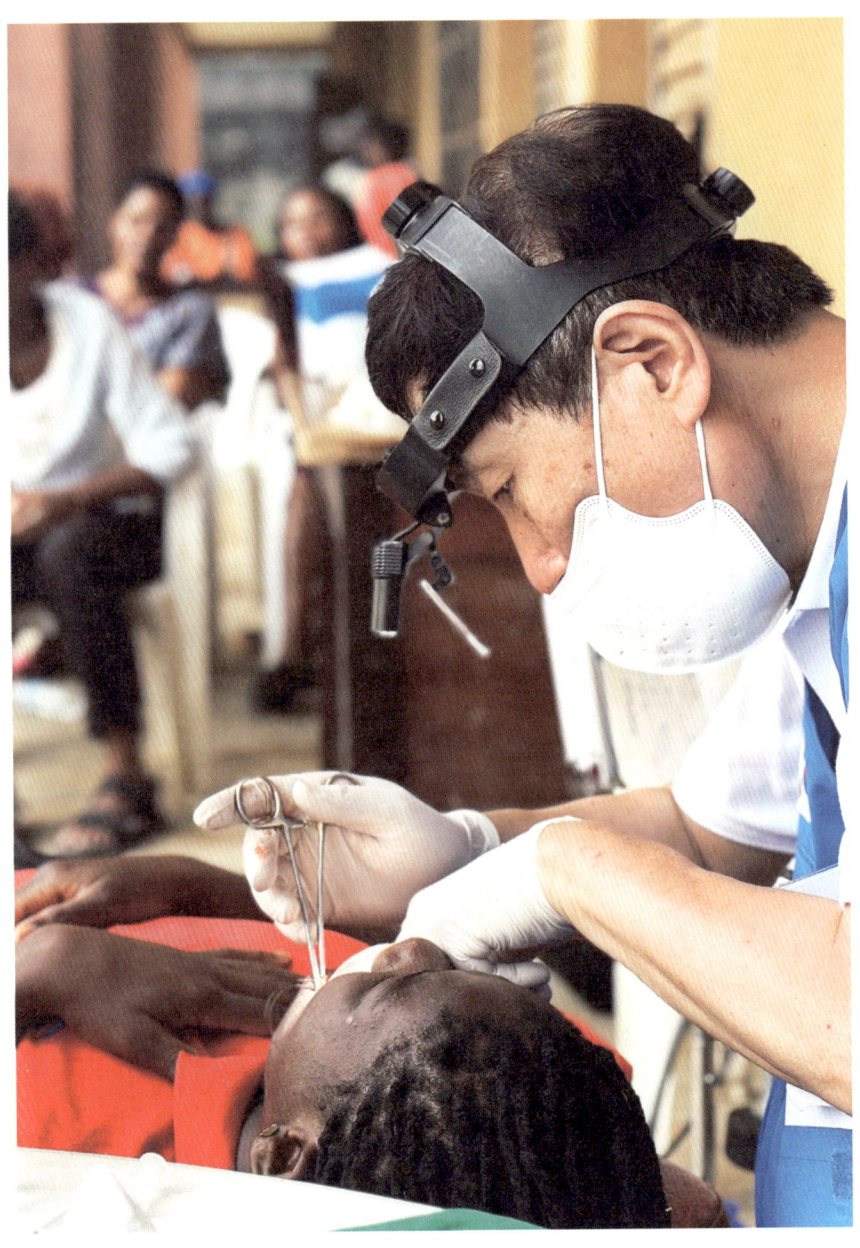

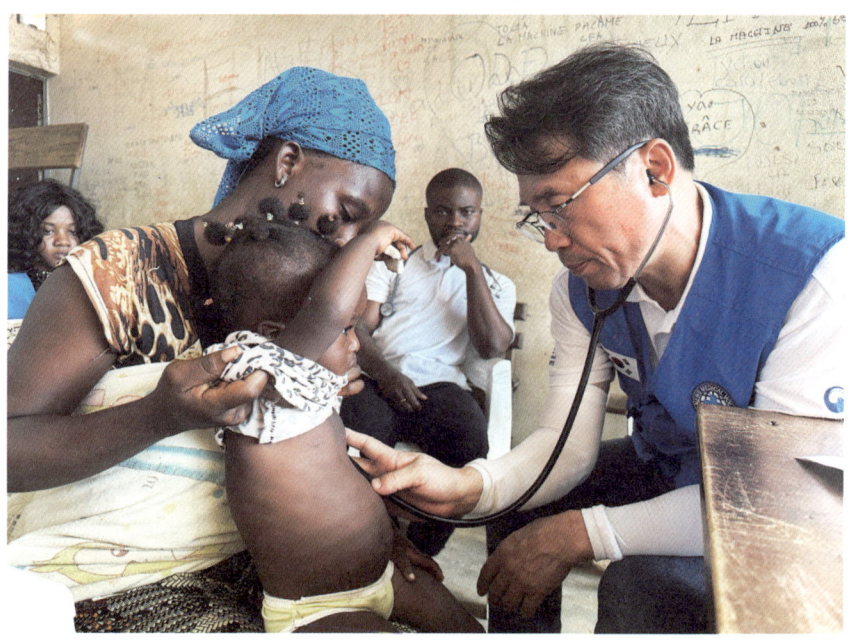

*의료봉사 활동 현황

연도	국가수	참가의료인	수혜자	국가명
2008	2	17	1,000	가나, 케냐
2009	5	124	10,000	가나, 토고, 케냐, 탄자니아, 르완다
2010	5	256	22,000	가나, 토고, 베냉, 케냐, 말라위
2011	1	56	5,600	아이티
	1	18	1,800	도미니카
	6	280	21,700	가나, 토고, 코트디부아르, 케냐, 말라위, 탄자니아
	1	27	2,800	아이티
	1	50	600	도미니카
2012	6	280	15,000	가나, 토고, 코트디부아르, 케냐, 잠비아, 우간다
	1	14	1,000	도미니카
	1	18	4,000	아이티
2013	5	200	10,000	가나, 탄자니아, 카메룬, 케냐, 코트디부아르
2014	1	50	2,800	케냐
	1	50	970	피지
2015	2	30	3,905	베냉, 코트디부아르
	2	2	600	레소토, 잠비아
	5	204	7,700	케냐, 탄자니아, 가나, 베냉, 에스와티니
2016	1	6	100	베냉(새나라MC)
	1	27	1,000	피지
	3	112	7,400	케냐, 코트디부아르, 가나
2017	1	47	3,418	필리핀
	4	183	6,670	가나, 토고, 우간다, 케냐
2018	1	50	1,200	필리핀
	1	15	100	에스와티니
	2	83	4,000	코트디부아르, 에티오피아
2019	1	16	25	에스와티니
	1	94	10,400	코트디부아르
2023	1	25	4,000	코트디부아르
총합계	63	2,334	149,788	

코로나 팬데믹 시기에는 의료 환경이 취약한 나라에 대사관을 통해 의료 물품들을 보내 코로나로 힘들어하는 사람들에게 조금이나마 도움이 되도록 힘썼다.

***주요 의료품 지원 활동**

▲ 2020년 4월, 주한 볼리비아 대사에게 5,000만 원 상당의 방호 물품 전달.
  - 방호복, 마스크, 글러브, 페이스쉴드 각 2,000개씩
▲ 2020년 6월, 주한 온두라스 대사에게 1,300만 원 상당의 긴급 의료 용품 전달
  - 의료용 산소호흡기 3대, 일회용 수술 가운
▲ 2020년 8월, 주한 카자흐스탄 대사에게 6,500만 원 상당의 긴급 의료 용품 전달
  - 방호복200개, 의약품 200개, 손 소독제, 마스크, 영양제, 인공호흡기 등
▲ 2021년 4월, 베냉과 코트디부아르에 49,000달러 상당의 방역용품 컨테이너로 전달 - 마스크 30,000개, 방호복 4,000개, 진단키트 등 의약품과 의료기기 물품

2. 문화 공연 활동

좋은 음악이 성장기에 있는 청소년의 감성 형성에 많은 영향을 준다고 확신하는 박옥수 목사는 청소년들에게 그런 음악을 들려주기 위해 2000년에 합창단을 창단했다. 그 이름은 스페인어로 '감사'를 뜻하는 그라시아스합창단이다. 2015년에 세계 최고 권위의 합창제인 독일 '마르크트오버도르프 국제합창제'에서 최고상을 수상했다.

그라시아스합창단의 활동

최고 수준의 기량을 갖춘 그라시아스합창단은 시드니 오페라하우스 등의 무대에 서기도 하지만, 지구촌 곳곳에서 발생하는 재해의 현장에 찾아가 사람들을 위한 자선 공연을 펼치는 것으로도 매우 잘 알려진 문화예술 단체다. 그들은 1년에 100회 이상 공연하는 경이로운 행보를 20여 년 간 지속해오고 있다. 월드캠프에서 청소년들을 위해 공연하고 있으며, 대표적인 공연으로 크리스마스 칸타타가 있다.

2016년, 미국 뉴올리언스는 강력한 허리케인 카트리나의 영향으로 도시가 오랫동안 폐허가 되고 모든 것이 멈춘 듯했다. 그라시아스합창단은 그곳에도 찾아가 크리스마스 칸타타를 공연했다. 뉴올리언

그라시아스합창단 & 오케스트라

스 레이크 프론트 센터Lakefront Center에 5천 명이 참석해 공연을 보면서 상처 입고 단절된 채 힘들었던 마음을 털어내고 행복한 시간을 가졌다.

"그동안 힘든 시간을 보냈는데 오늘은 행복한 시간을 보냈습니다. 크리스마스 칸타타가 너무 아름답습니다."(사라 카스틸로)

2017년에는 총기 난사 사건으로 59명의 사망자와 530명 이상의 부상자가 발생한 라스베이거스에 찾아갔다. 길거리에는 사람들이 자취를 감추고, 곳곳에는 시민들이 모여 희생자를 추모하는 촛불 기도회를 열고 있었다. 음악을 통해 시민들의 마음이 치유되고 사람들 마음에 행복한 성탄절이 임하길 바라며 공연을 준비했고, 아레나 공연장에는 4,500명의 관객으로 가득 찼다.

"이번 공연은 라스베이거스 시민들이 다시 하나로 모일 수 있는 구심점이 되었습니다. 공연이 우리 마음을 감동시켰습니다. 큰 시위나 행진을 한 게 아닌데도 힘을 북돋워 주었습니다. 더 큰 힘을, 더 큰 소망을 주었습니다."(바바라 오스틴, 시민)

2022년에는 초강력 허리케인이 강타해 많은 피해를 입은 올랜도를 찾아갔다.

"이 만남은 저에게 축복이었습니다. 칸타타는 음악과 모든 것이 뛰어나고 성탄 메시지도 너무 놀랍습니다."(올가 곤잘레즈, 키시미 시장)

"선물 같은 공연을 보여주셨습니다. 제 마음이 날아갈 정도로 행복합니다."(로버트, 관객)

미국 휴스턴 시에서는 박옥수 목사가 그라시아스합창단의 설립자로서 해마다 크리스마스 칸타타 공연으로 휴스턴 시민들에게 기쁨과 소망을 선물한 것, 그리고 CLF를 설립해 영적 지도자로서 공헌해온 것을 기리기 위해 2021년 12월 23일을 '박옥수 목사의 날'로 지정했다.

아이티에서 선보인 크리스마스 칸타타

2012년, 강진으로 삶의 터와 희망을 잃은 아이티를 찾아가 청소년들과 시민들을 위해 크리스마스 칸타타 공연을 선보였다. 공연 중간에 폭우가 쏟아졌지만 오케스트라가 천막 밑으로 자리를 옮겨 공연을 계속했다. 아무도 자리를 떠나지 않았고, 30분 후 언제 그랬냐는 듯 비가 그쳐 시원한 날씨 속에 칸타타를 즐겼다. 마지막곡 '아티이 쉐리'를 부를 때에는 모두 하나 된 마음으로 기쁨을 나누었다.

"만날 수 있는 악조건은 다 만났습니다. 도저히 계속할 수 없는 상황이었지만, 아이티 사람들을 위해 공연을 그칠 수 없었습니다. 함께 기쁨과 소망을 나눌 수 있어서 감사하고, 어려움을 이기고 마치니 공연이 더욱 값졌습니다."(김태형, 지휘자)

대지진으로 상실감에 빠져 있는 아이티 국민들에게 찾아가 펼친 위로 공연

Part VI

행복을 찾은 사람들

박옥수 목사와 만나 이야기를 나누거나
그가 하는 마인드 강연을 듣고서,
어둡고 고통스럽던 삶에서 벗어나
밝고 따뜻하고 활기찬 삶을 시작한 사람들이
세계 곳곳에 헤아릴 수 없이 많다.
마음이 변화된 사람들 가운데 몇몇 사연을 소개한다.

Chapter *07*

사람들의
행복 이야기

Chapter 07

아빠, 나는 나쁜 딸이에요 _ 클라라(멕시코)

멕시코 톨루카에 사는 클라라는 대학교 2학년의 예쁜 여학생이었다. 아버지, 어머니, 클라라와 동생, 이렇게 네 식구가 살고 있었다. 아버지의 직장이 좋아서 톨루카에서는 괜찮게 사는 집이다. 클라라는 대학에 다니면서 인기가 좋았다.

    IYF는 전 세계에서 활동하는데, 2009년에 멕시코 톨루카에서 월드캠프를 했다. 2,600여 명이나 되는 학생들이 참석한 캠프였다. 박옥수 목사는 첫날 저녁 마인드교육을 했다. 세계에 많은 대학교가 있지만 마음의 세계에 대해서 배우는 곳이 없어서 마인드교육이 상당히 인기가 있다. 주로 마음의 구조, 마음의 교류, 사고력, 자제력에 대해서 강연한다. 첫날 강연을 마치면서 강사가 부탁했다.

"이 강연이 끝나면 오늘 잠자기 전에 아버지에게 꼭 전화를 해요. 아버지가 고마운 분이지요. 값 없이 우리를 위해 일하시고 사랑하시고. 아버지가 없다고 생각을 해봐요. 얼마나 힘들겠어요? 그래서 아버지께 감사하다고 한번 말해 봐요. 그리고 고마운 부분을 가지고 감사하다고 전화를 드려봐요. 그런 전화 안 드려보았지요? 오늘 꼭 그렇게 해봐요. 그러면 집이 훨씬 따뜻해져요. 아직 그런 말을 한 적이 없어도 괜찮아요. 그리고 앞으로는 한번씩, 그리고 고마움을 느낄 때마다 아버지나 어머니에게 전화하고, 그 다음에 아버지의 말씀을 들어봐요. 만일 그런 말을 하기 힘들거나 어색하면 망고나무에게나 코코넛나무에게라도 말을 해요."

그날 밤 강연이 끝나고 학생들 모두 밖으로 나가 전화를 했다. 아버지가 잘해 주고 어머니가 고마운 것이 당연하다고 생각하지만 자녀들이 고마운 마음을 표현할 때 가정이 얼마나 아름다워지는지 모른다.

다음 날 이른 아침에 어떤 사람이 승용차를 타고 캠프장에 왔다. 아침 식사 시간이 아직 안 된 이른 아침이었다. 차에서 중년 신사가 내리더니 말했다.

"여기 내 딸이 캠프에 참석했는데 이름이 클라라입니다. 딸을 만나고 싶습니다."

클라라에게는 남자 친구가 있었다. 어느 날 그 남자 친구가 가방을 열어 보이는데 100달러짜리 돈이 가득 들어 있었다.

"이게 무슨 돈이야?"

"내가 지금까지 모은 돈이야. 이거 도둑질한 것 아니야."

"이 돈으로 무얼 하려고?"

"내가 제일 사랑하는 사람하고 캐나다에 가서 살려고."

"그 사람이 누군데?"

"누구긴 누구야? 클라라지."

클라라는 너무 기뻤다. 그래서 캐나다로 갈 준비를 했다. 떠나는 날, 아버지가 아시고 급히 공항에 나오셨다. 아버지가 말씀하셨다.

"클라라, 지금은 대학을 졸업하고 그 뒤에 이렇게 해도 늦지 않아."

아버지는 클라라를 설득하려고 했다. 그래도 클라라는 남자 친구와 함께 캐나다로 가고 싶은 꿈에서 깨어나지 않았다. 클라라는 남자 친구와 함께 비행기에 올랐고, 아버지는 섭섭한 마음으로 집으로 돌아오셨다.

캐나다에 간 클라라와 남자 친구는 삶이 행복하진 않았다. 매일 같이 있으니 부딪히는 일이 많았다. 돈도 벌지 않고 쓰기만 하니 금방 줄어들었다. 어느 날 남자 친구가 말했다.

"클라라, 이거 왜 샀어?"

"응, 필요해서."

"클라라, 필요한 것은 사실이지만 돈이 조금밖에 없는데 이걸 사면 어떻게 해?"

"그래도 필요했단 말이야."

남자 친구와 다툼이 생겼다. 다툼은 그렇게 끝났지만 둘 다 불쾌했다. 그런 일이 계속되었고, 마음은 점점 짓눌려 갔다. 캐나다에서 즐겁고 기쁜 때도 있었지만, 어느 순간 남자 친구와 얼굴을 대하는 것이 싫어졌다. 전에는 보고 싶고 그리운 사람이었는데, 늘 함께 있다 보니 단점이 보이고 부담스럽기 시작했다. 어느 날 클라라가 말했다.

"나, 멕시코로 갈래."

남자 친구는 말이 없었다. 말리지 않는 모습을 보며 '이젠 나를 좋아하지 않는구나.' 하고 생각되었다. 괜히 서글펐다.

결국 클라라는 멕시코행 비행기를 탔다. 멕시코에 도착해 공항에서 나오는데 어버지가 기다리고 계셨다. 남자 친구가 연락했던 것이다. 한편으로는 너무 반가웠지만, 멕시코를 떠날 때 아버지가 말렸던 것이 생각나 부담스러웠다. '아버지에게 뭐라고 말하지….' 그래서 몸을 숨겼다. 그리고 다른 통로로 집에 돌아왔다.

아버지를 만나기 싫어 자기 방에 들어가 침대에 누워 자는 척했다. 그렇게 며칠이 지났다. 항상 아버지가 출근할 때까지 누워 있다가 출근 후에 일어났다. 하루가 가고, 일주일이 지나고, 한 달이 지났다.

클라라는 친구들과 IYF 월드캠프에 참가했다. 그리고 첫 시간 마인드 강연이 끝날 무렵 박옥수 목사가 말했다.

"여러분 모두 아버지에게 전화하세요. 아버지가 감사하다고 알고 있지만, 감사하다고 말로 표현해 보세요."

클라라는 생각했다. '아빠에게 전화드려야겠다. 더이상 이렇게 지내면 안 되겠다.' 밖에 나가 조용한 나무 아래서 전화했다. 아버지가 금방 받았다.

"클라라냐? 잘 있어? 밥도 잘 먹고?"

아버지의 입에서 수많은 말들이 쏟아져나왔다. 클라라는 눈물을 흘리며 말했다.

"아빠, 죄송해요. 나는 나쁜 딸이에요. 용서해 주세요."

대화가 이어지고, 아빠도 울고 클라라도 울었다.

날이 밝자마자 아버지는 캠프장으로 왔다. 진행부에서 클라라를 찾는 방송을 하고, 저 멀리서 클라라가 뛰어왔다. 아버지도 달려가 클라라를 덥석 안았다.

"아빠, 죄송해요. 나는 나쁜, 아빠의 딸이에요."

아버지도 클라라도, 그리고 주위 학생들도 울었다. 서로 마음을 주고받으며 사는 것만큼 행복한 일이 없다. 그 후 클라라는 결혼했고, 지금은 엄마가 되어 행복하게 살고 있다.

엄마, 나를 낳아 주어서 고마워 _최현정(한국)

IYF에서 변화된 많은 학생들 가운데 최현정이라는 여학생이 있다. 현정이 어머니는 스무 살 때 뇌경색으로 시력을 잃었다. 그 후 맹아학교에 가서 점자책 읽는 법을 배우고, 길을 다니는 법을 배우고, 생계를 위해 안마하는 법을 배웠다. 그렇게 지내는 동안 맹아학교에서 한 남자를 만나 서로 사랑했다. 두 사람이 결혼해서 아이를 낳았는데, 그 아이가 현정이었다. 얼굴이 예쁘고 귀여운 딸이었다.

그런데 아이가 자라면서 앞을 보지 못하는 엄마가 현정이를 기를 수 없었다. 현정이 엄마는 친척들을 찾아가 양육비를 줄 테니 아이를 키워 달라고 사정했다. 그렇게 현정이는 친척 집에서 자랐다. 어느 집에서 맡아서 기르다가 힘들어서 못 하겠다고 하면 다른 친척 집으로 옮겨야 했다. 부모는 자식이 똥을 싸든 오줌을 싸든 사랑스럽기에 아무 문제가 되지 않지만 남의 아이를 키우는 것은 쉽지 않다. 현정이를 맡아서 기른 친척들도 그 아이를 자기 자식처럼 대할 수는 없었다.

현정이가 나이가 점점 들어 초등학교에 들어가고 사춘기가 찾아오면서 자신의 처지를 깨달았다. '다른 아이들은 다 부모님의 사랑을 받으면서 지내는데 나는 왜 멸시를 받아야 하지? 왜 어렵게 살아야 하지?' 그런 생각을 하다 보니 화살이 엄마에게로 향했다. '이건 다 엄마 때문이야! 앞을 보지 못하니 기르지도 못할 거면서 아이는 왜 낳았어? 낳았을 때 차라리 죽게 내버려두지! 엄마가 앞을 못 보는데 왜 내가 어려움을 겪어야 해?' 현정이 안에서 엄마를 미워하는 마음이 점점 커졌다. 어떻게든 엄마에게서 돈을 뜯어내 제멋대로 살았다. 아무도 감당할 수 없는 학생이 되었다.

고등학교를 졸업하고 대학에 가서도 멋대로 살았다. 그렇게 사는 현정이가 너무 안타까워서 엄마가 말했다.

"오늘도 술 마셨니?"

그러면 현정이는 소리쳤다.

"엄마가 나한테 그런 소리 할 자격이 있어? 왜 날 낳았어? 차라리 죽게 두지 왜 살려서 내가 괴롭게 살게 만들었어?"

누구도 현정이를 잡아줄 수 없었다. 현정이도 자기 성격이 거칠고 나쁘다는 것을 알았지만 자신도 어떻게 할 수 없었다.

어느 날 현정이는 IYF에서 주관하는 굿뉴스코 해외봉사 프로그램을 접하고 거기 지원해서 탄자니아로 떠났다. 아프리카의 어려운 나라에서 봉사 활동을 하면 의미있는 삶을 시작할 수 있을 것 같았다. 하지만 남을 위해 산다는 것이 생각처럼 쉽지 않았다. 불편한 일들이 자꾸 생겨, 함께 지내던 동료 단원들과 부딪힐 때가 많았다. '나는 안 되는구나. 한국으로 돌아가야겠다.' 주섬주섬 짐을 싸는 현정의 모습을 IYF 탄자니아 지부장의 아내가 보고 물었다.

"현정아, 왜 그래?"

"아무 일 없어요."

"너는 무슨 일만 생기면 입을 다무니? 왜 그러는지 말해봐. 널 도와주려고 그래."

"도와준다고요? 정말이세요? 저, 자살하고 싶은데 도와줄래요?"

"현정아, 왜 그래? 네가 마음에 있는 이야기를 해야 알지, 말하지 않으면 내가 네 마음을 어떻게 알겠어?"

현정이가 마음이 괴로워서 고함을 지르며 대들다 보니, 그동안 누구에게도 하지 않았던 엄마 이야기를 하고 말았다.

"사모님이 나에 대해 얼마나 아세요? 내가 어떤 사람인지 아세요? 우리 엄마가 어떤 사람인지 아세요? 우리 엄마는 앞을 못 보는 소경이란 말이에요! 소경 딸로 살아가는 것이 어떤 것인지 알기나 하세요?"

사모님이 현정이의 이야기를 듣고 깜짝 놀랐다. 현정이도 아차 싶었지만 주워 담을 수 없었다. 사모님이 한동안 말없이 현정의 손을 잡고 있었다. 그리고 입을 열어 조용히 이야기했다.

"현정아, 네 엄마는 너처럼 꽃다운 나이에 시력을 잃으셨어. 순식간에 온 세상이 캄캄하게 변했어. 엄마가 얼마나 절망했겠니? 얼마나 고통스러웠겠니? 그렇게 살다가 너를 임신했고, 너를 낳았어. 네가 태어난 뒤 너는 엄마에게 유일한 빛이요, 즐거움이요, 내일이었어. 엄마는 모든 기대와 소망을 너에게 두고 있는데, 네가 엄마에게 소리 지르고 욕할 때 엄마 마음이 어땠겠니?"

사모님이 하는 이야기를 듣고 현정이는 깜짝 놀랐다. "앞 못 보는 엄마 때문에 왜 내가 고생해야 돼? 왜 내가 남의 집에서 천대를 받으면서 살아야 돼? 책임도 못 질 거면서 왜 나를 낳았어?" 일방적으로 생각하고 일방적으로 말했는데, 스물두 살이 되도록 한 번도 생각해 보지 않았던 엄마의 마음을 사모님의 이야기를 들으면서 더듬기 시작했다. '엄마가 마음이 아프셨겠구나…. 고통스러우셨겠구나….' 그동안 엄마를 '나를 고통스럽게 만든 존재, 돈 주는 사람' 정도로만 생각했는데, 엄마의 마음을 더듬으면서 엄마가 자기를 어떻게 대했는지 생각해 보니 행동 하나하나에서 자기를 사랑한 엄마의 마음을 느낄 수 있었다. '내가 너무 잘못했구나…!'

며칠 후 현정이의 생일이 되었다. 함께 지내던 봉사단원들이 작은 케이크를 사고, 생일 축하 노래를 불러 주었다. 그때 지부장님이 "현정아, 네가 태어난 날에는 네가 축하를 받아야 하는 게 아니라 수고하신 엄마가 축하를 받아야 해. 엄마에게 고맙다고 전화해." 하며, 굿뉴스코 단원들은 휴대폰을 사용하지 않기에 자신의 휴대폰을 현정이에게 건넸다.

현정이가 조용한 곳에 가서 엄마에게 전화를 걸었다.

"여보세요?"

"엄마, 나 현정이."

"우리 현정이니? 잘 지냈어? 밥을 잘 먹고? 아픈 덴 없고?"

엄마가 이것저것 계속 묻는데, 그 말들 속에 사랑이 가득 묻어 있었다. 현정이가 엄마에게 죄송하다고 말하고 싶은데, 어떻게 말해야 할지 몰랐다.

"엄마."

"왜?"

"엄마."

"우리 딸, 왜 그래?"

"엄마, 나를 낳아 주어서 너무너무 고마워."

엄마가 훌쩍훌쩍 울기 시작했다.

"엄마, 왜 울어? 울지 마. 내가 잘못했어. 나는 엄마가 우리 엄마라서 너무 좋아!"

엄마가 울면서 말했다.

"우리 딸, 예쁘게 커줘서 너무 고마워!"

그날부터 아주 따뜻한 엄마와 딸 사이가 되었다. 그 후로도 현정이는 이따금 전화로 엄마와 이야기를 주고받았고, 1년의 봉사를 마치고 한국으로 돌아와서는 이전과는 전혀 다른 삶을 시작했다. 엄마와 함께 지내는 것이 전에는 벗어날 수 없는 고통의 굴레였지만, 이제는 함께 있는 것만으로도 행복했다. .

얼마 전에는 멋진 신랑을 만나 결혼했다. 지금은 그 부부가 현정이 엄마와 가깝게 지내며 행복하게 살고 있다.

마음을 열 때는 열어야 하는 거야 _제니퍼(미국)

몇 해 전, 미국 플로리다에서 심리학을 전공한 제니퍼라는 여학생이 한국 월드캠프에 참가했다. 캠프가 막바지에 접어들면서 많은 학생들의 마음이 달라지고 있었는데, 제니퍼는 마음을 굳게 닫은 채 대화를 피했다. 담당교사가 그녀에게 물었다.

"제니퍼, 너는 왜 이렇게 마음이 견고한 바위 같아?"

"선생님, 왜 이쑤시개로 바위를 찌르려고 해요? 그렇게 하면 바위에 구멍이 나요? 그냥 내버려두세요. 전, 이렇게 사는 게 좋아요."

같은 반 학생들 열 명 가운데 아홉 명은 모두 달라지고 있는데 제니퍼는 그 흐름에 섞이지 못했다. 캠프 폐막 사흘을 앞두고 담당교사가 박옥수 목사를 찾아왔다.

"목사님, 우리 반에 있는 제니퍼라는 학생을 좀 만나 주십시오. 끝까지 마음을 닫고 있어 너무 안타깝습니다."

박 목사가 교사와 함께 그 여학생을 만났다. 먼저 선생님이 말을 붙였다.

"제니퍼, 마음 좀 열면 안 돼?"

"난 절대로 열지 않아요. 선생님이 뭐라 해도 마음 안 열어요."

박 목사가 이야기했다.

"네가 마음을 열고 안 열고는 네 자유야. 네가 열기 싫으면 그만이야. 네가 자유롭게 열 수도 있고 영원히 열지 않을 수도 있어. 그런데 왜 마음을 열지 않으려고 하지? 그 이유나 좀 듣고 싶다. 분명히 네가 마음을 닫은 계기가 있을 거야. 그 이야기를 한번 해주겠니?"

제니퍼가 머뭇거리다가 입을 열었다. 전에 다니던 플로리다 교회에 남자 선배가 있었는데, 그 청년은 성격이 밝고 정직해서 온 교회 사람들이 그를 교회의 기둥으로 여겼다고 한다. 자기보다 다섯 살 많은 그를 제니퍼도 무척 따랐다. 어느 날, 뜻하지 않게 그 청년에게 성폭행을 당했고, 너무 실망스러워서 목사님을 찾아가 말씀드렸다. 목사님이 당장 그 남자를 불렀다.

"너, 제니퍼에게 왜 그랬지?"

"아니에요. 저 애가 나를 좋아한다며 매일 따라다녔어요. 내가 자기한테 관심을 전혀 안 보이니까 있지도 않은 일을 꾸며서 나를 모함하는 거예요."

그 청년이 거짓말을 했다. 그러나 그가 평소에 워낙 성실하게 행동해서 목사님은 청년의 말을 그대로 믿었다.

'세상에 이럴 수가 있어? 이럴 수가!' 강간 당한 수치심과 증오보다 자기의 말을 곧이 듣지 않는 현실이 더 억울하고 분했다. 제니퍼는 생각했다. '그 남자를 따른 게 잘못이야. 내가 바보처럼 그 남자에게 마음을 열었지!' 하염없이 울다가 비장한 각오를 했다. '앞으로 나는 누구에게도 마음을 열지 않을 거야! 이제부터는 나 혼자 생각하고 나 혼자 살아갈 거야!'

그 후로 제니퍼는 어떤 사람에게도 마음을 열지 않았다. 월드캠프에 참가해서도 다른 학생들은 서로 즐거워하는데 혼자 고독 속에서 지냈다. 박 목사가 제니퍼에게 이야기했다.

"네가 겪은 일의 슬픔과 실망감을 충분히 이해한다. 그 충격으로 네가 마음을 열지 않는 것도 짐작은 되지만, 그것은 잘못된 거야. 만약 불이 나서 네 집이 다 불타고 네가 가장 아끼는 바이올린까지 타버렸다면 너는 불을 원수로 여기겠지? 그렇다고 해서 불을 쓰지 않고 살 수 있어? 음식을 만들기 위해서는 불을 켜야 하고, 샤워 물을 데우기 위해서도 불을 때야 해. 불이 원수인 건 맞지만 필요할 때는 써야 하는 거야. 반대로 홍수가 나서 집이 물에 떠내려가고 네가 사랑하는 사람이 물에 휩쓸려 죽었다고 하자. 그러면 너는 물을 원수로 여기겠지? 절대로 물을 좋아하지 않을 거야. 그렇다고 해서 물을 마시지 않고 살 수 있어? 그럴 순 없잖아.

제니퍼, 난 네가 불행하고 고통스러운 일을 당한 것이 정말 안타깝다. 하지만 마음을 열 때는 열어야 하는 거야. 마음의 상처를 입었다고 영영 마음을 닫는 건 어리석은 일이야."

그날 제니퍼는 마음을 열었고, 세상을 향한 분노가 사라지기 시작했다. 그 후 제니퍼는 몰라보게 밝아졌고 행복한 학생으로 변했다.

빛이 들어오면 어둠은 사라져 _ 이은영(한국)

은영이는 집안이 풍족하진 않지만 부모님과 언니와 행복하게 살았다. 하루는 해군사관학교를 방문해, 흰 제복을 입은 생도들이 너무 멋있어 보여서 그때부터 해군사관학교 생도가 되는 꿈을 꾸었다. 은영이는 모든 것을 절제하고 공부에 집중했다. 나날이 성적이 올라가 은영이를 보는 선생님의 눈이 달라지고, 친구들도 은영이를 부러워했다.

해군사관학교에 충분히 입학할 것 같았지만, 인생은 생각과 다르게 펼쳐질 때가 많다. 은영이는 낙방하고 말았다. 당당했던 은영이는 위축되었고, 친구들 앞에서도 자유를 잃었다. 사람들이 그냥 쳐다보는 것도 왠지 자기를 비웃는 눈초리로 보였다.

은영이의 마음은 닻을 잃은 배처럼 방향을 잡지 못했다. 대학을 휴학하고 경찰 시험 준비를 했다. 도서관에서 종일 책과 씨름했지만, 전과 달리 잡다한 생각들 때문에 머릿속이 복잡했다. '해군 장교가 아니더라도 경찰관도 충분히 멋있어!' 그렇게 마음을 다잡고 공부를 시작하지만, 책을 펴면 마음이 뜻대로 흘러가지 않았다.

결국 시험을 포기할 수밖에 없었다. 부모님께 경찰 시험공부를 한다고 말씀드렸기에 그만둔다고 하면 실망하실 것 같아서, 공부도 안 하면서 아침에 일어나면 도서관으로 향했다. 그것 역시 은영이 마음에서 쉼을 빼앗아갔다. 어느 날, 은영이는 자신에게 정신적인 문제가 있는 것을 느꼈다. '전에는 안 이랬는데 내가 왜 이러지?'

은영이는 점점 이상한 생각에 사로잡히기 시작했다. 길을 가다가 어떤 남자와 눈이 마주쳤는데, '저 사람이 왜 나를 쳐다보지? 혹시 가슴에 칼을 숨긴 채 나를 죽이려고 하는 게 아닐까?'라는 생각이 들었다. 횡단보도를 건널 때면 정지선에 서 있는 차들이 갑자기 출발해서 자기를 치어 죽일 것 같았다. 밤에 자려고 하면 누가 문을 부수고 들어와서 자신을 성폭행할 것 같았다.

이상한 생각들이 끊임없이 올라와서 일상생활조차 힘들어졌다. 은영이는 방에서 나오는 횟수가 점점 줄어들었다. 하루는 엄마를 붙잡고 고통스런 마음을 쏟아냈다. 힘든 나날을 견디기 힘들어 죽을 계획을 세우기 시작했다. 조금씩 죽음으로 다가갔다. 행복하게 살고 싶은데 자꾸 죽음 쪽으로 떠밀리는 것 같았다.

어느 날, 엄마가 미용실에 가면서 같이 가자고 했다. 전에는 자주 갔지만 오랫동안 가지 못했던 미용실이었다. 은영이는 엄마를 따라가 의자에 멍하니 앉아 있었다. 미용실 원장님이 그런 은영이를 보고는 말을 걸었다.

"은영아, 무슨 생각을 그리 깊이 해?"

"제가 생각이 너무 많은데, 말하면 저를 미쳤다고 할 거예요."

"괜찮아, 말해 봐. 그렇게 생각 안 할게."

은영이는 마음에서 일어나고 있는 생각들에 대해 두서없이 이야기했다. 이야기를 다 듣고 원장님이 말했다.

"은영아, 어둠을 없애려면 어떻게 해야 하는지 알아? 어둠은 싸워서 쫓아내는 것도 아니고, 도망쳐서 벗어나는 것도 아니야. 어둠은 절대로 물러가지 않아. 어둠은 빛이 들어오면 금방 사라져."

평범한 말 같지만, 그 말이 은영이 마음에 소망의 빛을 주었다. '내가 가지고 있는 생각들이 어두운 생각이구나. 내 마음에 빛이 필요하구나…. 그 빛을 어디서 얻지?' 은영이는 원장님과 대화를 이어갔다. 이야기할수록 마음이 밝아지는 것을 느꼈다.

"은영아, 너는 불행한 아이가 아니야. 네가 생각하는 어두운 생각들도 사실이 아니야. 어려움을 겪고 스트레스를 받으면 그런 생각이 들 수 있지만 사실과는 달라."

이야기를 나누는 가운데 자신도 바뀔 수 있다는 생각이 들었다. 하루는 미용실 원장님의 소개로 은영이가 박옥수 목사를 찾아왔다.

"은영아, 어떤 사람이든지 생각을 절망으로 이어놓으면 인생 전체가 절망으로 보여. 불행으로 이어놓으면 화려한 집에서 살아도 불행 속에서 살게 돼. 그렇기 때문에 불행에 빠져 있는 우리 마음을 이끌어 내서 행복하고 소망스런 쪽으로 옮겨야 돼. 쉽진 않지만, 생각을 행복과 소망으로 이어놓으면 삶이 밝아지고 행복해져."

은영이는 아픈 사람이 약을 먹고 건강을 되찾듯 마음이 밝아지고 삶이 달라져 갔다. 자신이 사실이 아닌 생각에 끌려다녔다는 것을 알았다. 그리고 더이상 그 생각에 끌려다니지 않았다. 얼마 후, 은영이는 굿뉴스코 해외봉사단원으로 지원해 인도로 떠났다. 인도에 가서 인도 사람들과 함께 즐겁고 소중한 추억들을 하나 둘 만들어 갔다. 이제 은영이는 더 이상 어둡게 살지 않고, 밝게 살고 있다.

가장 행복한 학교 _문은영(한국) & 베타 따따와(키리바시)

2020년에 굿뉴스코 단원으로 키리바시에 가서 유스 스쿨의 리코더 교사가 되었을 때 기쁘고 즐거웠다. 한국에서는 흔한 리코더가 키리바시에서는 쉽게 접할 수 없는 악기라서 배우는 학생들이 신기해하고 즐거워했기 때문이다. 그런데 '따따와'라는 학생은 배우는 것을 유독

문은영과 따따와(왼쪽 옆)

어려워했다. 다른 학생들은 실력이 쑥쑥 늘었지만 따따와는 차근차근 가르쳐줘도 계이름부터 잊어버렸다. 결국 마음에서 따따와를 포기했다. 1학기 발표회 때에는 따따와를 빼고 공연할 수밖에 없었다.

따따와에게 "따따와, 다음 발표회 때는 너도 꼭 같이 해야 해. 내가 도와줄 테니 포기하지 말고 계속 도전해봐."라고 말했지만 마음이 편치 않았다. 그 후 따따와가 리코더 수업을 따라오려고 노력하는 것이 보였다. 내가 가르쳐주는 것을 귀 기울여 듣고, 쉬는 시간에도 연습하고, 모르는 부분은 계속 물었다. 따따와의 리코더 실력이 점점 향상되는 것이 느껴졌다. 마침내 따따와가 한 곡을 연주할 수 있게 되었다. 연주가 완벽하지는 않았지만 따따와의 마음만은 완벽했고, 무척 기특했다. 병아리 교사인 내 말을 듣고 따라와주는 따따와가 고마웠다.

따따와뿐만 아니라 유스 스쿨 학생들 모두 우리가 가르쳐 주는 것과 우리의 마음을 그대로 받아들였다. 그런 학생들을 좋아하지 않을 수 없었다. 사실 나는 다른 사람의 말을 경청하지 않는 사람이었다. 그래서인지 학생들을 보고 있으면 부끄러울 때가 많았다.

한번은 키리바시의 가장 큰 청소년 행사인 'Youth&Children's Day'에 청소년부 차관님의 특별 초청을 받아, 대통령과 국회의장 등 약 150명의 귀빈들 앞에서 유스 스쿨 학생들과 교사들이 함께 리코더 공연을 했다. 학생들과 마음을 모아 준비하는 동안 우리는 정말 행복했다. 공연 당일, 대통령과 귀빈들이 공연을 보고 키리바시에서 처음 보는 리코더 공연에 놀라워하고 기뻐하셨다. 얼마 지나지 않아 우리는 국회의장의 특별 초청으로 국회에서 대통령과 귀빈들 앞에서 또한 번 공연할 수 있었다.

나는 한국에서 부정적인 시각으로 나와 세상을 바라보며 늘 불평하는 사람이었다. 그런데 키리바시에서 교사로 활동하는 동안 기적 같은 일들을 많이 경험했다. 무엇보다 불행하고 어둡게 살던 학생들이 학교에 와서 희망과 꿈을 얻고 변화되는 모습을 보면 나도 행복해졌다. 어느덧 나도 부정적인 마음을 가진 사람에서 어떤 형편 속에서도 희망을 찾을 수 있는 긍정적인 사람으로 변해 있었다. 불가능해 보이는 일도 도전할 수 있는 강한 마음을 가진 사람이 되어 있었다. 내가 학생들을 가르친 것이 아니라 내가 배우고 성장하는 시간이었던 것이다. 내게 이처럼 값진 시간을 준 분들이, 그리고 사랑하는 유스 스쿨 학생들이 정말 감사하다.(문은영)

나는 태어날 때부터 아버지가 없었다. 키리바시의 많은 아이들처럼 나도 미혼모 어머니에게서 태어났기 때문이다. 아주 어렸을 적에 아버지가 있는 친구들이 많이 부럽기도 했다. 그러나 나를 많이 아끼고 사랑해주시는 엄마가 있어서 괜찮았다. 나도 엄마를 많이 사랑했다. 그런데 내가 11살 때 갑자기 엄마가 아프기 시작했다. 조금 아프다가 괜찮아질 거라 생각했는데, 병은 더욱 심해졌다. 병원에서도 이유를 알 수 없다고 했다. 몇 개월 후, 내가 가장 사랑했던 엄마는 세상을 떠나셨다. 엄마를 데려간 하나님을 원망했고 많이 울었다.

이제 나를 사랑해줄 사람이 아무도 없다고 생각하니 너무 외롭고 힘들었다. 할아버지가 나를 돌봐주셨지만 나는 점점 비뚤어지기 시작했다. 학교를 그만두고 갱에 가입하고 술도 먹기 시작했다. 할아버지의 돈을 자주 훔치기도 했다. 할아버지는 나를 학교에 다시 보내려고 애쓰셨지만, 나는 공부할 마음이 없어서 계속 도망갔다. 크고 작은 사고를 계속 치면서 15살이 되었다.

어느 날 할아버지께서 '너를 위해 새 학교를 찾았는데 한국인들이 운영하는 곳이니 함께 가보자'고 하셨다. 나는 가지 않겠다고 우겼지만 할아버지는 포기하지 않고 계속 한 번만 가보자고 하셨다. 나는 하루만 가고 그만둘 생각으로 2년 전에 할아버지를 따라 처음으로 IYF 유스 스쿨 수업에 참석했다. 어떤 학교일까 궁금한 마음도 있었는데, 첫날 수업에 참석하고 굉장히 놀랐다. 한국에서 온 언니들과 오빠들이 가르치는데 댄스, 음악, 태권도 등 다른 학교에서는 배울 수 없는 것을 가르쳐 주었다. 계속 학교에 다니고 싶은 마음이 생겼다. 그렇게 나는 유스 스쿨 학생이 되었다.

유스 스쿨의 모든 수업이 재밌고 좋았지만 특히 음악과 마인드교육 시간이 좋았다. 마인드교육을 받으며, 나를 사랑해주는 사람이 아무도 없다는 생각이 틀렸다는 것을 알았다. 나를 사랑해주는 분들의 마음을 볼 수 있는 눈을 얻을 수 있었다. 절망뿐이던 마음에 나도 행복하게 살 수 있을 것이라는 희망을 가지게 되었다.

유스 스쿨에서 음악을 배우고 리코더 연주법을 배우면서 처음으로 꿈을 가졌다. 내 꿈은 음악교사가 되는 것이다. 유스 스쿨에서 계속 마인드교육을 배우고 음악도 배워서, 과거의 나처럼 절망 속에서 방황하는 청소년들에게 희망과 꿈을 주는 음악교사가 되고 싶다. 유스 스쿨을 세워주신 IYF와 IYF 지부장님, 그리고 우리를 사랑으로 가르쳐 주시는 선생님들이 감사하다. (베타 따따와)

저주받은 인생인 줄 알았는데_찬롱(캄보디아)

2013년에 코에 종양이 생겨서 얼굴이 흉측하게 변했다. 수술을 받으려면 많은 돈이 필요했고, 집안 형편이 나 때문에 어려워져 갔다. 다행히 의료봉사 단체를 만나 두세 차례 수술을 받았지만 상태는 나아지지 않았다. 결국 고칠 수 없는 병이라는 이야기를 들어야 했다. 그때부터 사람을 만나고 싶지 않았고, 밖에 나갈 때면 마스크로 얼굴을 가렸다. 왜 나만 그렇게 살아야 하는지 세상이 불공평하다고 여겨지고, 나는 저주 받은 인생이라고 생각했다.

죽어야겠다는 생각이 들었다. '내가 죽으면 우리 가족은 어려움을 겪지 않을 거야.' 그것이 가장 좋은 길이라는 확신이 점점 또렷해졌다. 그런데 실행하려니 쉽지 않았다. 무엇보다 내가 죽으면 부모님이 더 고통스러우실 것 같았다. 죽음을 그리워하며 하루하루를 보냈다.

2016년에 다니던 대학에서 개최된 마인드 캠프에 참석해 박옥수 목사님의 마인드 강연을 들었다. 마음이 바뀌면 삶이 바뀐다고 하시는데, 그 한마디가 소망으로 마음에 다가왔다. 아주 작은 소망이었지만, 살아갈 이유를 만들어 주었다. 마음이 바뀌면 정말 삶이 달라지는지 확인해보고 싶었다. 그 후 마인드 강연을 계속 들었다. 신기하게 마음이 점점 밝아졌다. 폐쇄적으로 지내던 태도를 버리고 학교에 잘 다녔다. 사람들도 피하지 않고 마음을 열고 대했다. 내 외모를 보고 이상하게 생각하는 사람이 있어도 움츠러들지 않고 대했다. 내가 그렇게 변할 것이라고는 생각할 수 없었을 만큼 놀라운 변화였다.

더 적극적으로 살아야겠다는 마음이 들어 굿뉴스코 해외봉사단에 지원해 우간다로 떠났다. 그곳에서 1년 동안 지내며 많은 것을 보고 듣고 느꼈다. 우간다 사람들과 마음으로 동행하며 행복했고, 여러 일들을 하면서 생각하는 힘이나 일을 해내는 능력도 부쩍 자랐다.

캄보디아로 돌아온 나는 이전과 전혀 다르게 살고 있다. 삶에서 크고 작은 즐거움과 감사를 느끼며, 작은 행복을 누리며 살고 있다. 나에게 이 삶을 가져다준 마인드교육이 정말 감사하다.

마약에서 벗어나 _자이렛(미얀마)

나는 17살 때부터 내 마음대로 살다가 마약에 중독되었고, 20년 동안을 마약에 빠져 지냈다. 내 머리속에는 항상 마약 생각이 떠나지 않았다. 마약 때문에  감옥에도 가고, 총도 맞고, 차 사고도 나서 몇 번을 죽을 뻔했다. 나를 위험에 빠뜨리는 마약에서 벗어나고 싶어서 마약 학교도 몇 번 갔지만, 마약에서 떠날 수 없었다. 2022년 초 어느 마약 학교에서 박옥수 복사님의 마인드 강연을 들었다. 강연을 듣고 처음으로 소망이 생졌다. 그때부터 계속 상담을 받으며 잘못된 내 모습을 발견했고, 행복, 소망, 자유, 기쁨이 들어와 마약에서 벗어날 수 있었다.

그 후 'Joy Music Band'라는 밴드를 만들어 좋아하던 음악을 하며 사람들에게 기쁨을 나눠주면서 기쁘게 살고 있다. 내 삶의 변화를 뮤지컬로 만들어 여러 지역에 다니면서 공연도 하고 마약에 빠진 젊은이에게 상담도 해주며 마약에서 벗어나게 돕고 있다. 나처럼 많은 젊은이들이 마약에서 벗어나 새 삶을 시작하고 있다. 예쁜 아내와 결혼해서 귀여운 아들을 낳고 행복한 가정을 이루었다.

구청장이 된 청년 _데이비드 삼파(잠비아)

나는 2018년에 잠비아 벧엘건축학교 1기생으로 지원해 합격했다. 그 전에는 전문대학을 졸업한 뒤 특별히 하는 일 없이 지냈다. 꿈도, 소망도 없이 하루하루를 보내다가 건축 기술을 배울 수 있는 학교를 시작한다는 공고를 보고 '이곳에서 기술을 배우면 내 인생이 밝아질 수도 있겠다'는 작은 꿈을 가졌다.

1년 동안 학교에서 벽돌 쌓기, 타일 붙이기, 미장하기 등의 기술도 배우고, 마인드교육도 배웠다. 특별히 박옥수 목사님이 하는 마인드교육은 마음을 밝게 만들어 주었다. 마음이 밝아지니, 힘들 때도 있지만 대부분의 날들을 즐겁고 감사하게 보냈다. 기대하지 않았던 변화로, 크고 작은 기쁨과 감사를 누리며 사는 행복한 사람이 되었다. 생각도 깊어지고 넓어져서 사회를 보는 눈도 많이 달라졌다.

어느덧 1년이 훌쩍 지나 건축학교를 졸업한 뒤에도, 나는 학교가 좋아서 그곳에 남아 필요한 일들을 돕기도 하며 지냈다. 휴일이 되어 가족이나 친구들과 만나 대화하다 보면, 사람들이 내 이야기를 듣고 '어떻게 이렇게 변했냐?'며 놀라기도 하고, 감동을 받기도 했다. 생각의 폭이 넓고 깊어지다 보니, 내가 사는 지역을 살기 좋은 곳으로 만들 아이디어들이 자연스럽게 떠올랐다. 그런 아이디어를 행정 기관에 여러 차례 건의했더니, 내가 점점 유명한 사람이 되어갔다. 나를 지역을 위해 일해야 할 적임자라고 여기는 사람들이 계속 늘어났다.

얼마 전, 지방자치단체장 선거가 있었다. 나는 수도 루사카에서 차로 한 시간 떨어진 내 고향에서 많은 사람의 추천을 받아 구청장 후보로 여당의 공천을 받았고, 선거에서 이겨 구청장이 되었다.

매일 아침이 되면 나는 구청으로 출근해서 우리 구를 위해 마음을 다 쏟아 일하고 있다. 일하다가 문득 그렇게 일하고 있는 나를 보면 신기한 생각이 든다. 단 한 번도 내가 이렇게 살 것이라고 꿈꾼 적이 없었기 때문이다. 미래가 보이지 않는 희뿌연 삶을 살다가 벧엘건축학교가 내 삶에 탈출구가 되어줄 수 있을 거라는 작은 기대로 출발한 여행이 이렇게 멋진 스토리를 만들어낼 줄이야! 나의 여행은 아직 진행 중이다. 앞으로 나는 어떤 사람이 되어서 어떻게 살게 될지, 나도 궁금하다.

전갈의 독을 이기고 살아난 청년 _ 최요한(미국)

2009년 어느 날 아프리카 라이베리아에서 전화가 왔다. 그곳 선교사님이 울면서 봉사하러 온 학생이 전갈에 쏘여 죽어가고 있다고 했다.

"목사님, 최요한이가요 죽어가고 있어요!"

최요한 학생이 전날 밤에 잠을 자다가 밤중에 누가 바늘로 자기 발을 콱 찌르는 것 같은 통증을 느꼈다. '악!' 하고 깨어 주위를 둘러보니 아무것도 없었다. 많이 피곤했기에 그냥 다시 누워서 잠을 잤다. 다음날 아침이 되어 그 학생이 동료 단원에게 말했다.

"어젯밤에 자는데 누가 내 발을 바늘 같은 것으로 찔렀어."

"그거 전갈 아냐?"

"야, 우리 방에 무슨 전갈이 있어?"

그렇게 지내다가 오후에 구역질이 나서 화장실에 갔다가 쓰러지고 말았다. 대소변을 배설하고 심장이 멎어 갔다. 맥이 뛰지 않았다. 선교사님이 그의 얼굴을 때리면서 "요한아! 정신 차려!"라고 소리쳤지만 깨어나지 않았다. 급히 병원으로 데려갔는데 의사가 살 가망이 없다고 했다.

"이 청년은 전갈에게 쏘였어요. 전갈에게 쏘이면 병원에 바로 와도 위험한데, 이 청년의 경우는 시간이 많이 흘러 전갈의 독이 온 몸에 퍼졌어요. 살 수 있는 길이 없어요. 그냥 데리고 가세요."

도와 달라고 애원했지만 병원에서 쫓겨나고 말았다. 다른 병원에 찾아갔는데 똑같이 말했다.

"전갈에 쏘인 사람을 왜 이제 데려왔어요? 심장까지 독이 퍼져서

곧 심장이 멎을 거예요."

다른 병원에 찾아갔지만 그 병원에서도 안 된다고 했다. 제발 도와 달라고 간청해서 병실에 있게는 해주었다. 하지만 얼마 안 되어 그 학생의 숨이 멎었다. 의사가 심폐소생술을 하여 다시 심장이 뛰었다. 문제는 혈압이 계속해서 떨어져 심장이 언제 다시 멈출지 몰랐다. 다급한 상황에서 그곳 선교사님이 나에게 전화를 했다.

"목사님, 최요한이가요 죽어가고 있어요. 앞으로 두 시간밖에 못 산대요. 엉엉."

"이 사람아, 울지 말고 찬찬히 이야기해 봐. 무엇 때문에 어떻게 된 거야?"

선교사님이 나에게 상황을 이야기했다. 최요한이 전날 밤에 전갈에 쏘였고, 그 사실을 모르고 지내다가 쓰러진 후에야 병원에 데려가서 살 길이 없으며, 심장이 멎고 있다고 했다.

서울에서 라이베리아까지는 비행기로 열여덟 시간 정도 걸린다. 두 시간이면 죽는다고 하니 약을 보낼 수도 없고 의사를 보낼 수도 없었다. 내가 이야기했다.

"지금 내가 요한이하고 통화할 수 있는가?"

"예."

선교사님이 최요한에게 전화기를 건넸다.

"요한아, 박 목사님이야. 전화 받아봐."

내가 최요한 학생에게 이야기했다.

"요한아, 내 목소리 들려?"

"예, 목사님…."

7. 사람들의 행복 이야기

"너는 아프리카산 전갈에 쏘여서 지금 죽어가고 있대. 그런데 요한아, 내 이야기를 들어봐. 나는 오늘 아침에 이사야 40장 31절을 읽었어. 거기에 뭐라고 되어 있는지 알아? '오직 여호와를 앙망하는 자는 새 힘을 얻는다'고 되어 있어. 성경은 하나님의 말씀이야. 하나님은 절대로 거짓말하시지 않아. 그 성경에 여호와를 앙망하면 새 힘을 얻는다고 했어!

요한아, 네가 전갈의 독을 이기려면 힘이 필요해. 네가 여호와를 앙망해서 새 힘이 너에게 들어오면 전갈의 독을 이길 수 있어. 하나님이 주시는 새 힘이 너에게 들어오면 전갈의 독 그거 아무것도 아냐. 요한아, 하나님을 앙망해."

"예, 목사님…."

"그래, 전화 끊는다. 빨리 일어나."

"예, 목사님…."

최요한 학생이 내 이야기를 듣기 전에는 몸이 너무 괴로워서 차라리 빨리 죽으면 좋겠다고 생각했다. 라이베리아로 올 때 미국 댈러스 공항에서 아버지가 따뜻하게 안아주었던 기억이 떠오르면서 '아버지 품에 한 번만 더 안기고 죽으면 좋겠다.'라는 마음이 들었다. 그런데 나와 통화한 뒤 하나님을 앙망하면 살겠다는 마음이 일어나 하나님을 앙망했다고 한다. 그러다 잠이 들었다.

새벽녘에 병실들을 돌아보던 간호사가 '그 청년, 지금쯤 죽었겠지.' 하고 최요한의 병실에 들어갔다가 깜짝 놀랐다. 혈압 상태를 나타내는 기계에 혈압이 점점 올라가고 있었다. 간호사가 의사에게 달려가며 소리쳤다.

"선생님, 여기 기적이 일어났어요! 이 환자 혈압이 올라가고 있어요!"

의사가 뛰어와서 보고는 깜짝 놀랐다. 혈압이 20mmHg까지 떨어지고 체온이 18도까지 떨어졌었는데, 정상 혈압으로 올라가고 있었다.

"간호사! 이 환자에게 무슨 일을 했어?"

"전 아무것도 하지 않았어요."

"그런데 어떻게 이런 일이 일어나지?"

이튿날 아침에 최요한이 일어났다. 옆에 있던 동료 단원이 물었다.

"형, 괜찮아?"

"어, 괜찮아. 왜?"

"형, 전갈에게 쏘여서 어제 죽었다가 살아났어!"

전갈에 쏘인 다리 부분은 이미 썩어서 도려내야 했지만, 그 상처도 한 달 뒤에 다 치료되어 건강해졌다. 최요한은 그 후 결혼해 지금은 네 아이의 아빠가 되었고, 미국 LA에서 청소년들을 위해 일하고 있다.

전갈에 물린 최요한의 발(왼쪽), 미국 LA에서 청소년을 위해 일하고 있는 최요한 가족

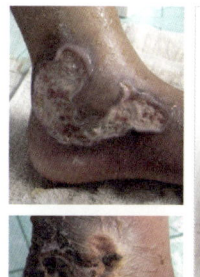
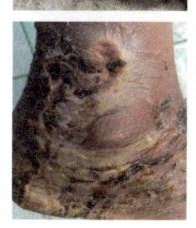
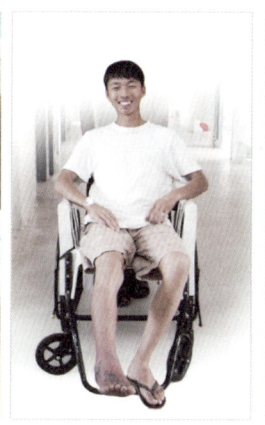

20년 동안 빠져 살았던 술에서 벗어나 _심홍섭(한국)

2013년 겨울, 한국에서 그라시아스합창단이 크리스마스 칸타타 순회공연을 할 때였다. 하루는 경남 진주에서 공연이 있어서 성탄 메시지를 전하기 위해 함께 갔다. 그날 저녁 공연을 마치고는 기쁜소식진주교회에서 자기로 했다.

순회공연이 있기 얼마 전에 합천에 있는 교회 목사님이 나에게 전화를 했다.

"목사님, 합천 교회에 한번 오십시오."

"예, 갈게요."

못 가겠다고 할 수 없어서 가겠다고 했지만 바빠서 틈이 나지 않았다. 그 후에도 목사님이 다시 전화를 했다.

"목사님, 합천 교회에 꼭 한번 들러주십시오."

"예, 갈게요."

그라시아스합창단과 함께 진주에 갔을 때 그 일이 생각났다. 진주에서 합천까지 차로 시간이 많이 걸리지 않아, 기쁜소식합천교회에 연락해서 그날 밤에 교회에 들르겠다고 했다.

크리스마스 칸타타 공연을 마치고 어느 정도 정리가 된 뒤, 진주에서 출발해 합천에 도착했다. 늦은 밤이었지만, 내가 왔다고 교회 형제 자매들이 예배당에 많이 모여 있었다. 그 밤에 성경 말씀을 전했다. 이야기를 마치자 한 부인이 울면서 말했다.

"목사님, 저는 남편과 도저히 못 살겠어요."

"왜 그래요?"

이 부인이 남편과 살면서 겪는 어려움을 이야기했다. 결혼한 지 23년이 된 부인이었다. 결혼할 때는 남편이 구원받은 사람으로 괜찮았지만, 3년이 지나면서 술을 마시기 시작해 이제는 매일 소주만 마시며 산다고 했다. 아내가 직장에 갔다가 돌아오면 술병이 마루에도 있고, 거실에도 있고, 안방에도 있고…. 술병을 치우는 것이 너무 고통스럽다고 했다.

"목사님, 이제는 누가 뭐라고 해도 이 남자와는 더 못 살겠어요."

이야기를 듣고 내가 말했다.

"자매님, 그러지 말고 내일 새벽에 남편을 데려오세요."

다음날 새벽기도회 모임에 남편이 아내와 함께 왔다. 남편 되는 분 입에서 술냄새가 풀풀 풍겼다. 잠에서 깨면 제일 먼저 술을 사발에 부어 마시고 하루를 시작하는데, 그날도 술을 한 사발 마시고 온 것이다. 내가 성경을 펴서 그 남편에게 히브리서 10장 14절을 읽어주었다. **"저가 한 제물로 거룩하게 된 자들을 영원히 온전케 하셨느니라."**(히 10:14) 그리고 이야기했다.

"성경은, 예수님이 십자가에 못박혀 죽으심으로 우리를 거룩하게 했고, 거룩하게 된 자들을 영원히 온전케 하셨다고 했어요. 이 이야기 속에 형제도 들어 있어요."

히브리서 10장 14절 말씀을 설명해준 후 물었다.

"형제가 온전해요?"

"안 온전합니다."

술에 빠져 사는 사람이 어떻게 온전하다고 말하겠는가? 히브리서 10장 14절을 다시 읽어 보라고 한 뒤 물었다.

"그런데 성경은 뭐라고 해요?"

"예수님이 온전하게 했다고 말합니다."

"그럼 형제가 온전하지요?"

"안 온전합니다."

"성경은 온전하다고 하고 형제는 온전하지 않다고 하고. 성경 말씀이 옳아요, 형제 생각이 옳아요?"

"성경이 옳습니다."

"그럼 형제가 온전하지요?"

"안 온전합니다. 제가 술에 빠져 사는데 어떻게 온전합니까?"

예수님은 인류가 저지른 모든 죄의 벌을 받아 죄를 다 씻기 위해 십자가에 못박히셨다. 그런데 십자가에서 흘리신 피를 이 땅에 있는 성전에 뿌리신 것이 아니라, 하늘나라에 있는 성전에 뿌리셨다. 하늘나라는 영원하기 때문에 하늘나라 성전에서 이뤄진 속죄도 영원하다. 그래서 히브리서 10장 14절에서 '거룩하게 된 자들을 영원히 온전케 했다'고 하였다.

히브리서 10장 14절을 펴놓고 20분 정도 씨름을 했다.

"예수님이 십자가에 못박히심으로 형제의 모든 죄가 씻어져서 형제가 거룩하게 되었어요. 예수님이 우리 죄를, 어느 순간이 아니라 영원히 씻었기 때문에 우리가 영원히 온전해요. 이것은 박옥수 목사가 말하는 게 아니에요. 하나님의 말씀이에요."

이렇게 이야기하고 다시 물었다.

"형제가 온전하지요?"

"예, 온전합니다."

그가 하는 수 없이 자신이 온전하다고 대답했다. 그렇게 이야기를 마치고 남편 분이 집으로 돌아갔다.

다음날 아침, 여느 때처럼 그가 일어나 냉장고 문을 열고 소주병을 꺼냈다. 그런데 술을 마시고 싶은 마음이 일어나지 않았다. 벗어나려고 발버둥을 쳐도 끊을 수 없었던 술이 끊어졌다. 내가 그에게 우리 선교회에서 운영하는 신학교에 들어오라고 했다. 20년 동안 술만 먹고 살던 사람이 어떻게 복음 전도자가 될 수 있느냐는 생각도 들었겠지만, 하나님이 자신에게 역사하시는 것을 보았기 때문에 신학교에 입학했다. 지금은 목사가 되어, 작은 교회지만 부부가 복음을 전하며 정말 행복하게 살고 있다.

고통에서 벗어나 행복을 찾은 심홍섭 부부(왼쪽), 교회 집회에서 설교하고 있는 심홍섭 목사

7. 사람들의 행복 이야기 249

부 록

부록

박옥수 목사

명예신학박사, 명예교육학박사, 명예철학박사

김천대학교 이사장

기쁜소식선교회(Good News Mission) 설립

국제청소년연합(IYF) 설립

기독교지도자모임(CLF) 설립

그라시아스합창단 설립

약 력

2024	브라질 상파울루 메트로폴리타나 대성당에서 설교
	인도 기독교인 집회 주강사(5만명 대상)
2023	에티오피아 국회 특강
	브라질 상파울루 메트로폴리타나 대성당에서 설교
	인도 기독교인 집회 주강사(1월, 10만명 대상)
	인도 기독교인 집회 주강사(12월, 30만명 대상)
2021	'박옥수 목사 온라인 성경세미나' 주강사(125개국 662개 방송사 중계)
2020	'박옥수 목사 온라인 성경세미나' 주강사(125개국 655개 방송사 중계)
2020~2023	미국의 대표적인 기독교 채널 CTN에 방송설교 방영
2020	글로벌 온라인 부활절 연합예배 주강사(94개국에 중계)
2018	우간다 만델라 국립스타디움 Passover Festival 주강사(10만명 대상)
2017~2023	기독교지도자연합(CLF) 컨퍼런스 주강사
2017	기독교지도자연합(CLF) 설립
2010	청소년 인성교육 프로그램 '마인드교육' 보급 시작
2008	굿뉴스 의료봉사단 설립
2004	육군본부 우수 정훈 강사 선정, 군부대 자살 방지 교육 강사
2001~2023	한국 월드캠프 주강사
2001	국제청소년연합(IYF) 설립
2000	그라시아스합창단 창단
1991-1993	대전교도소 교화위원
1988-1990	수원교도소 교화위원
1976	한국복음선교학교(현.마하나임 신학교) 설립
1972	기쁜소식선교회 설립

수상 내역

2024	브라질 상파울루 메트로폴리타나 대성당 감사패
	토고 내무부 공로패
	페루 국회 공로장, 페루 리마시 '위대한 시민상'
	통가왕국 총리 감사패
	피지 청소년체육부 장관 감사패
2023	미국 샌 가브리엘시와 몬테레이 파크시 감사장
	브라질 채플린 협회 감사장
	키리바시 대통령 감사패
	아르헨티나 리오그란데 주정부 감사장
	아르헨티나 티에라 델 푸에고 주정부 감사장
	에티오피아 국회의장 감사장,
	콜롬비아 내무부 공로패, 콜롬비아 대통령실 감사패
	콜롬비아 보고타시의회 감사패
2022	브라질 국회 감사패,
	이스라엘 ZAKA협회(유엔 공인 국제구호단체) 감사장
	케냐 교정청 감사패,
	주한 온두라스 대사관 감사패,
	짐바브웨 교육부 감사패,
2021	미국 월넛시와 앨햄브라시, 몬테레이 파크시 감사장,
	미국 채플린연합 영웅 추대,
	미국 휴스턴시 '박옥수 목사의 날' 선언서(2021.12.23)
2019	태국 법무부, 교육부 감사패
	에스와티니 총리 감사장
	레소토 국회 감사장
	우간다 개신교 목회자 연합회 감사장
2017	우간다 '아프리카 리더십 엑설런스 어워드'
2015	베냉 정부 공로훈장
2010	서울특별시 지방경찰청 감사장
2009	부산광역시 표창장
2008	경찰청장 감사장

저서

박옥수 목사가 쓴 책은 크게 두 종류로, 신앙 서적과 인성교육 및 마인드 관련 서적이 있다. 신앙 서적은 100만 부 이상 발행된 설교집 '죄 사함 거듭남의 비밀'을 비롯해 70여 권이 있고, 인성교육 및 마인드 관련 책은 20여 권을 저술했다. 또한 그는 성경에서 연구한 마음의 원리에 입각하여 마인드교육 커리큘럼을 고안해 냈다. 박옥수 목사의 '마인드교육(원론과 사례 연구)'는 2023년에 한국의 교육부로부터 인성교육 프로그램으로 인증을 받았다.

마인드 관련 책 중 2009년에 중국 공청단에서 강연한 내용을 중심으로 만든 'Navigating the Heart'는 16개 이상의 언어로 번역되어 국제적인 베스트셀러가 되었고, 마인드교육에 대한 세계인의 뜨거운 관심과 커다란 반향을 불러일으켰다.

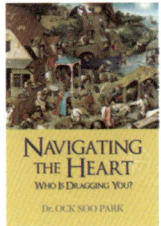 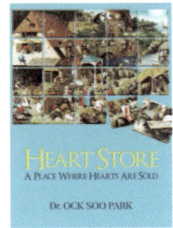 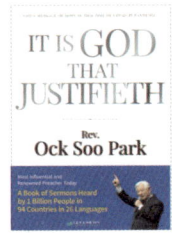

국가 정상 면담

박옥수 목사는 더 많은 학생이 마인드교육을 받을 수 있도록 정부 차원에서 교육을 시행하는 것이 필요하다고 느껴 여러 나라 정상들과 면담을 이어가고 있다. 그의 활동과 그가 시행하고 있는 마인드교육에 공감한 나라에서는 마인드교육을 국가 차원에서 시행하려고 검토하고 있다. 2024년 7월 현재까지, 박옥수 목사는 32개국 45명의 정상과 청소년 문제와 교육에 관해 87차례 회담했다.

*국가명 가나다순 정렬

가나	나나 아쿠포아도 대통령
	존 아타 밀스 대통령
과테말라	알레한드로 잠마테이 대통령
기니	알파 콩데 대통령
라이베리아	조셉 뉴마 보아카이 대통령
레소토	리치에3세 국왕
	은초코아네 사무엘 마테카네 총리
	모에케치 마조로 총리
	톰 터본 총리
말라위	라자루스 차퀘라 대통령
	피터 무타리카 대통령
	빙구 와 무타리카 대통령
베냉	야이 보니 대통령
보츠와나	모크위치 마시시 대통령
볼리비아	자니네 아녜스 차베스 대통령
부룬디	피에르 은쿠룬지자 대통령
부르키나파소	로크 마크 크리스티앙 카보레 대통령

브라질	자이르 보우소나루 대통령
사모아	투일라에파 사일렐레 총리
솔로몬제도	마나세 소가바레 총리
에스와티니	음스와티3세 국왕
에티오피아	하일레마리암 데살렌 총리
온두라스	오를란도 에르난데스 대통령
우간다	요웨리 무세베니 대통령
잠비아	하카인데 히칠레마 대통령
	에드가 룽구 대통령
중앙아프리카공화국	포스탱 아르상주 투아데라 대통령
케냐	윌리엄 사모에 루토 대통령
	우후루 케냐타 대통령
코스타리카	카를로스 알바라도 케사다 대통령
콩고공화국	드니 사수 응게소 대통령
콩고민주공화국	펠릭스 치세케디 대통령
키리바시	타네티 마마우 대통령
탄자니아	자카야 음리쇼 키크웨테 대통령
토고	파우레 그나싱베 대통령
통가왕국	시아오시 소발레니 총리
투발루	카우세아 나타노 총리
파라과이	마리오 압도 베니테스 대통령
	오라시오 카르테스 대통령
	페르난도 루고 대통령
피지	윌리엄 카토니베레 대통령
	조지 콘로테 대통령
	시티베니 라부카 총리
	보렝게 바이니마라마 총리
필리핀	로드리고 두테르테 대통령

박옥수 목사 주요 활동 연혁

1995. 7. 제1회 한미청소년수련회
1997. 7. 제2회 한미청소년수련회
1999. 7. 제3회 한미청소년수련회
2000. 4. 그라시아스합창단 창단
2001. 2. IYF(International Youth Fellowship) 창립
     7. 제4회 한국 월드캠프
2002. 2. 제1기 Good News Corps 해외봉사단 파견(10개국 14명)
     7. 제5회 한국 월드캠프
2003. 2. 제2기 Good News Corps 해외봉사단 파견(31개국 58명)
        제1기 굿뉴스코 해외봉사단 귀국발표회
     7. 제6회 한국 월드캠프
2004. 2. 제3기 Good News Corps 해외봉사단 파견(45개국 110명)
        제2기 굿뉴스코 해외봉사단 귀국발표회
     3. 링컨하우스 부천스쿨 개교
     7. 제7회 한국 월드캠프
2005. 1. Global Camp in Australia(1,520명)
     2. 제4기 Good News Corps 해외봉사단 파견(49개국 252명)
        제3기 굿뉴스코 해외봉사단 귀국발표회
     5. 제1회 Culture(세계문화박람회)
     7. 제8회 한국 월드캠프
2006. 1. Global Camp in Hawaii(1,800명)
     2. 제5기 Good News Corps 해외봉사단 파견(60개국 551명)
        제4기 굿뉴스코 해외봉사단 귀국발표회(국내 10개 도시)
     5. 제2회 Culture(세계문화박람회) [COEX]
     7. 제9회 한국 월드캠프(57개국 2,712명)
2007. 1. Global Camp in Thailand(2,275명)

- 2. 제6기 Good News Corps 해외봉사단 파견(75개국 630명)
  제5기 굿뉴스코 해외봉사단 귀국발표회(국내 10개 도시)
- 5. 제3회 Culture(세계문화박람회) [COEX]
- 7. 제10회 한국 월드캠프(52개국 2,319명)
  멕시코 월드캠프
  태국 월드캠프

2008.
- 1. Global Camp in Australia(1,831명)
- 2. 제7기 Good News Corps 해외봉사단 파견(80개국 605명)
  제6기 굿뉴스코 해외봉사단 귀국발표회(국내 9개 도시)
- 4. 페루 월드캠프
- 7. 제11회 한국 월드캠프(41개국 1,979명)
  굿뉴스의료봉사회 설립, 제1회 의료봉사(가나, 케냐)
- 8. 가나 월드캠프
  케냐 월드캠프

2009.
- 1. Global Camp in Malaysia(1,534명)
- 2. 제8기 Good News Corps 해외봉사단 파견(65개국 420명)
  제7기 굿뉴스코 해외봉사단 귀국발표회(국내 8개 도시)
- 5. 제5회 Culture(세계문화박람회)
- 7. 제12회 한국 월드캠프(43개국 2,158명)
  오스트리아 월드캠프
- 8. 제2회 굿뉴스의료봉사회 의료봉사(가나, 토고, 케냐, 탄자니아, 르완다 5개국 105명)
  가나 월드캠프
  토고 월드캠프
  케냐 월드캠프
  르완다 월드캠프
  탄자니아 월드캠프
- 12. 중국 공청단 초청 마인드 강연

2010.
- 1. Global Camp in Hong Kong
- 2. 제9기 Good News Corps 해외봉사단 파견(65개국 380명)
  제8기 굿뉴스코 해외봉사단 귀국발표회(국내 10개 도시)
  브라질 월드캠프
  파라과이 월드캠프

페루 월드캠프
5. 필리핀 월드캠프
캄보디아 월드캠프
7. 제13회 한국 월드캠프(44개국 3,165명)
제3회 굿뉴스의료봉사회 의료봉사(가나, 토고, 베냉, 케냐 말라위, 5개국 256명)
토고 월드캠프
가나 월드캠프
영국 월드캠프
8. 르완다 월드캠프
탄자니아 월드캠프
말라위 월드캠프
파라과이 월드캠프
미국 LA 월드캠프
자메이카 월드캠프

2011. 1. Global Camp in Thailand
2. 제10기 Good News Corps 해외봉사단 파견(68개국 523명)
제9기 굿뉴스코 페스티벌(국내 10개 도시, 귀국발표회 개칭)
페루 월드캠프
아르헨티나 월드캠프
파라과이 월드캠프
5. 캄보디아 월드캠프
인도 월드캠프
6. 몽골 월드캠프
7. 제14회 한국 월드캠프(59개국 3,652명)
제1회 세계 청소년부 장관 포럼
제4회 굿뉴스의료봉사회 의료봉사(8개국 201명)
독일 월드캠프
토고 월드캠프
8. 코트디부아르 월드캠프
케냐 월드캠프
말라위 월드캠프
탄자니아 월드캠프

	멕시코 톨루카 월드캠프
	미국 뉴욕 월드캠프
9.	일본 월드캠프
10.	케냐 청소년 리더를 위한 마인드교육
	필리핀 월드캠프
2012. 1.	Global Camp in Thailand
2.	제11기 Good News Corps 해외봉사단 파견(70개국 503명)
	제10기 굿뉴스코 페스티벌(국내 8개 도시)
	태국 월드캠프
	페루 월드캠프
	아르헨티나 월드캠프
	파라과이 월드캠프
4.	필리핀 월드캠프
5.	일본 월드캠프
	러시아 월드캠프
6.	독일 월드캠프
7.	제15회 한국 월드캠프(51개국 3,481명)
	제2회 세계 청소년부장관 포럼
	제5회 굿뉴스의료봉사회 의료봉사(8개국 250명)
	가나 월드캠프
	토고 월드캠프
	코트디부아르 월드캠프
8.	탄자니아 월드캠프
	잠비아 월드캠프
	우간다 월드캠프
	멕시코 월드캠프
	미국 뉴욕 월드캠프
11.	캄보디아 월드캠프
	베트남 월드캠프
2013. 2.	제12기 Good News Corps 해외봉사단 파견(66개국 411명)
	제11기 굿뉴스코 페스티벌(국내 9개 도시, 23,000명 관람)
7.	제16회 한국 월드캠프(47개국 3,289명 참석)

제3회 세계청소년부장관 포럼(16개국17명)
제1회 세계 대학 총장 포럼(16개 대학 총장)
가나 월드캠프
베냉 월드캠프
제6회 굿뉴스의료봉사회 의료봉사(가나, 탄자니아, 카메룬, 가나, 코트디부아르)
8. 탄자니아 월드캠프
카메룬 월드캠프
케냐 월드캠프
미국 뉴욕 월드캠프
도미니카 월드캠프
콜롬비아 월드캠프

2014. 1. 볼리비아 월드캠프
파라과이 월드캠프
2. 태국 월드캠프
캄보디아 월드캠프
베트남 월드캠프
제13기 Good News Corps 해외봉사단 파견(74개국 447명)
제12기 굿뉴스코 페스티벌(국내 10개 도시)
4. 독일 월드캠프
5. 러시아 상트페테르부르크 월드캠프
7. 제17회 한국 월드캠프(55개국 2,819명)
제4회 세계 청소년부장관 포럼(17개국 21명 장관 및 차관)
제2회 세계 대학 총장 포럼(22개국 47명)

2015. 1. 페루 월드캠프
2. 제14기 Good News Corps 해외봉사단(58개국 412명)
제13기 굿뉴스코 페스티벌(국내 10개 도시)
태국 월드캠프
캄보디아 월드캠프
4. 우크라이나 월드캠프
5. 2016 IYF 세계문화체험박람회
독일 월드캠프
러시아 월드캠프

7. 제18회 한국 월드캠프(56개국 2,284명)
   제5회 세계 청소년부장관 포럼(24개국 26명 장관 및 차관)
   제3회 세계 대학 총장 포럼(19개국 30명)
8. 가나 월드캠프
   탄자니아 월드캠프
   베냉 월드캠프
   미국 뉴욕 월드캠프
   제8회 굿뉴스의료봉사회 의료봉사(탄자니아, 케냐, 가나, 베냉, 에스와티니)
9. 에스와티니 마인드 강연
   레소토 마인드 강연
   잠비아 마인드 강연

2016. 1. 콜롬비아 월드캠프
   브라질 월드캠프
   캄보디아 월드캠프
2. 제15기 Good News Corps 해외봉사단(62개국 422명)
   제14기 굿뉴스코 페스티벌(국내 10개 도시)
   굿뉴스의료봉사회 베냉 의료봉사
   태국 월드캠프
3. 베냉 청소년센터, 새나라 메디컬 센터 개관
   잠비아 청소년센터 기공식
   말라위 월드캠프
4. 우크라이나 월드캠프
5. 제6회 Culture(세계문화박람회)
6. 피지 월드캠프
   굿뉴스의료봉사회 피지 의료봉사
7. 제19회 한국 월드캠프(62개국 3,457명)
   제6회 세계 청소년부장관 포럼(24개국 30명 장관 및 차관 참석)
   제4회 세계 대학 총장 포럼(23개국 61명 참석)
   케냐 월드캠프
   코트디부아르 월드캠프
   굿뉴스의료봉사회 가나, 코트디부아르, 케냐 의료봉사
8. 가나 월드캠프

	미국 뉴욕 월드캠프
	멕시코 월드캠프
2017. 1.	파라과이 월드캠프
	피지 월드캠프
2.	제6기 단기 동유럽 해외봉사단 파견(4개국 30명)
	제16기 Good News Corps 해외봉사단 파견(68개국 368명)
	제15기 굿뉴스코 페스티벌(국내 11개 도시, 일본 2개 도시)
	굿뉴스의료봉사회 필리핀 의료봉사
3.	캄보디아 월드캠프
	베트남 월드캠프
5.	러시아 월드캠프
7.	제20회 한국 월드캠프(67개국 3,505명)
	제7회 세계 청소년부장관 포럼(22개국 장관 및 차관 참석)
	제5회 세계 대학 총장 포럼(15개국 20개 대학 총장 및 부총장)
	가나 월드캠프
	케냐 월드캠프
	굿뉴스의료봉사회 케냐, 우간다, 가나, 토고 의료봉사
8.	미국 LA 월드캠프
	미국 뉴욕 월드캠프
	멕시코 월드캠프
10.	모잠비크 청소년 캠프
11.	미얀마 크리스마스 축제
	필리핀 마인드교육
2018. 1.	홍콩 유스 리더스 캠프
2.	제7기 단기 서유럽 해외봉사단 파견(5개국 30명)
	제17기 Good News Corps 해외봉사단 파견(64개국 301명)
	제16기 굿뉴스코 페스티벌(국내 12개 도시, 일본 2개 도시)
	일본 피스 페스티벌
3.	태국 월드캠프
	캄보디아 월드캠프
4.	굿뉴스의료봉사회 필리핀 의료봉사
5.	제7회 Culture(세계문화엑스포)

- 6. 굿뉴스의료봉사회 에티오피아, 코트디부아르 의료봉사
  - 피지 월드캠프
  - 호주 월드캠프
  - 가나 월드캠프
- 7. 제21회 한국 월드캠프(63개국 3,951명)
  - 제8회 세계 청소년부장관 포럼(23개국 장관 및 차관 참석)
  - 제6회 세계 대학 총장 포럼(27개국 43개 대학 총장 및 부총장)
  - 제2회 세계 경찰 및 교정 본부장 포럼(10개국 19명)
  - 아프리카 대학체전 2018 9TH ALL AFRICA 행사 지원
  - 케냐 청소년 평화 캠프
- 8. 미국 LA 월드캠프
  - 미국 뉴욕 월드캠프
  - 멕시코 월드문화캠프

2019. 2. 제18기 Good News Corps 해외봉사단 파견(64개국 308명)
- 제17기 굿뉴스코 페스티벌(국내 13개 도시)
- 브라질 월드캠프
- 페루 월드캠프
- 파나마 월드캠프
- 3. 태국 월드캠프
  - 베트남 마인드캠프
  - 캄보디아 월드캠프
- 4. 필리핀 젠산 월드캠프
  - 유럽 캠프
- 5. 제8회 Culture(세계문화엑스포)
- 6. 피지 월드캠프
- 7. 제22회 한국 월드캠프(95개국 4,013명)
  - 제9회 세계 청소년부장관 포럼(20개국 장관 및 차관 참석)
  - 제7회 세계 대학 총장 포럼(27개국 37개 대학 총장 및 부총장)
  - 제3회 세계 경찰 및 교정 본부장 포럼(14개국 20명)
  - 굿뉴스의료봉사회 코트디부아르 의료봉사
- 8. 케냐 월드캠프
  - 가나 월드캠프

		코트디부아르 월드캠프
		굿뉴스의료봉사회 우간다 의료봉사
		미국 스프링필드 캠프
		멕시코 월드캠프
		자메이카 월드캠프
		일본 도쿄 아프리카개발회의(TICAD) 정상들과 면담
2020.	2.	제19기 Good News Corps 해외봉사단 파견(64개국 313명)
		제18기 온라인 굿뉴스코 페스티벌
	7.	온라인 글로벌 리더스 컨퍼런스(11개국 914명)
		제23회 온라인 한국 월드캠프(98개국 271,938명)
2021.	2.	제20기 Good News Corps 해외봉사단 파견(18개국 75명)
		제19기 온라인 굿뉴스코 페스티벌
	7.	제24회 온라인 한국 월드캠프(91개국 600,000명)
2022.	2.	제21기 Good News Corps 해외봉사단 파견(37개국 167명)
		제20기 온라인 굿뉴스코 페스티벌
	3.	이스라엘 피스 캠프 및 콘서트
		아프리카 7개국 방문(월드캠프, 정상면담)
	5.	남미 3개국 방문(월드캠프 및 정상면담)
	7.	제25회 한국 월드캠프(62개국 3,123명 참가)
		제10회 세계 청소년부장관 포럼(30개국 장관 및 차관 참석)
		제8회 세계 대학 총장 포럼(20개국 22개 대학 총장 및 부총장)
		제5회 세계 경찰 및 교정 본부장 포럼(10개국 31명)
		필리핀 월드캠프 및 교육자 포럼
	9.	캄보디아 월드캠프
		태국 월드캠프
	10.	이스라엘 피스 콘서트
2023.	1.	말레이시아 IYF 캠프
		싱가포르 IYF 캠프
		태국 IYF 캠프
	2.	제22기 Good News Corps 해외봉사단 파견(53개국 227명)
		콜롬비아 월드캠프
		아르헨티나 월드캠프

		브라질 월드캠프
		제22기 Good News Corps 해외봉사단 파견
		제21기 굿뉴스코 페스티벌
	3.	아프리카 6개국 정상 면담 및 국회 마인드 강연
		(콩고, 콩고민주공화국, 케냐, 중앙아프리카공화국, 에티오피아, 코트디브아르)
	7.	제26회 한국 월드캠프
		제11회 세계 청소년부장관 포럼
		제9회 세계 대학 총장 포럼
		제6회 세계 경찰 및 교정 본부장 포럼
	9.	남태평양 6개국 정상 면담 및 마인드 강연
		(투발루, 키리바시, 통가, 사모아, 솔로몬제도, 피지)
		필리핀 월드캠프
		말레이시아 월드캠프
	11.	남아프리카 9개국 정상 면담 및 마인드 강연
		(보츠와나, 남아공, 모잠비크, 말라위, 짐바브웨, 에스와티니, 레소토, 나미비아, 앙골라)
2024. 1.		페루 월드캠프
		우루과이 월드캠프
	2.	제23기 Good News Corps 해외봉사단 파견(59개국 118명)
		브라질 상파울루 메트로폴리타나 대성당 평화 콘서트
		토고 월드캠프
	3.	가나 월드캠프
		베냉 월드캠프
		코트디부아르 월드캠프
	4.	캄보디아 월드캠프
		포르투갈 평화 콘서트
	5.	이탈리아 평화 콘서트
		폴란드 평화 콘서트
	6.	아프리카 6개국 정상 면담 (가나, 라이베리아, 에스와티니, 중아공, 케냐, 토고)
		피지 마약 방지 교육 & 정상 면담
		통가 소망 콘서트 & 정상 면담

| 박옥수 목사 아카이브 |

초판 2024년 7월 25일
3쇄 2024년 9월 10일

엮은이 편집부

편집 박민희, 조현주, 이종한
북디자인 권은혜

발행처 도서출판 기쁜소식
출판신고 제2006-44호
주　　소 서울시 양천구 신월로24길 8
문의처 02-2690-8860
이메일 edit@goodnews.kr
인쇄·제본 프린트세일

ⓒ 2024. 박옥수. All rights reserved.

이 책은 저작권법에 따라 보호받는 저작물이므로 무단 전재와 무단 복제를 금지하며,
이 책 내용의 전부 또는 일부를 이용하려면 반드시 출판사의 서면동의를 받아야 합니다.
책값은 뒤표지에 있습니다.

ISBN 978-89-6443-109-2 (03230)